이혼을 결심한 당신에게

현직 이혼 전문 변호사의
따뜻한 조언과 확실한 지침

이혼을 결심한 당신에게

장샛별 지음

나비의 활주로

이혼의 목적도
'인생의 행복'이다

이혼 전문 변호사로서 수많은 의뢰인들을 만나면서 때에 따라 이혼을 한 번 더 신중하게 생각해보고 다른 방법으로 갈등을 풀어볼 것을 권하기도 한다. 가급적 부부 사이를 회복해볼 방법을 같이 고민하면서 덕분에 다시 잘 살아보기로 했다는 감사 인사를 여러 번 받기도 했다. 그렇게 인연이 닿은 분들에게 어떻게든 도움을 드리고 싶다는 마음이 컸다.

물론 상담을 온 분들의 이야기를 듣다 보면 차마 "조금만 더 참아보시면 어때요?", "이렇게 한번 해보시면 어때요?"라는 말을 할 수 없는 경우가 훨씬 더 많다. 이혼 말고 다른 것은 생각해볼 수도 없는 막다른 현실 앞에서 이혼을 결심하기까지 얼마나 마음이 힘들었을지 알기에 필자 역시 마음이 아픈 경우가 많다.

참고 참다가 여기저기 아픈 상태로 찾아온 의뢰인을 다시 벼랑으로 떠밀 수는 없다. 힘들게 용기를 낸 만큼 든든하게 잡아주고 싶다. 변호사로서 의뢰인의 마음에 공감하고, 의뢰인의 편이 된다는 것은 어떤 것일까? 말 그대로 내 일처럼 중요하게 생각하고 공감하는 것, 그리고 전문가인 만큼 객관적으로 바라보고 실질적인 도움을 줄 수 있어야 한다고 생각한다.

한편 이혼 소송에서 승소하기는 했는데 이혼 후 경제적 자립 때문에 막막한 분들, 재혼을 했는데 다시 같은 일로 힘들어하는 분들도 있다. 이혼 소송에서 승소하여 합당하게 마무리하는 것보다 더 중요한 것은 이혼 후의 삶이다. 이혼 후의 삶은 분명히 그전과는 다를 수밖에 없기 때문에 체계적인 준비가 필요하다. 특히 재산 분할을 많게 받으나, 적게 받으나 경제적인 부분에 대한 대비가 필요하다. 스스로 경제활동을 하여 아이를 양육해야 하는 의뢰인, 오랫동안 전업주부로 지내다가 이혼을 앞둔 의뢰인 등 이혼 후 경제적으로 자립해야 하는 분들은 미리미리 준비를 해야 한다. 그리고 스스로를 돌아볼 기회를 가져야 한다. 그래야 전보다 더 행복한 삶을 누릴 수 있다.

굉장히 막막하고 힘들어도 이혼 과정을 순탄하게 마무리하고, 앞으로 조금 더 편안하게 살기를 응원하며 이혼을 결심한 당신에게 이 책을 바친다.

당신의 행복을 진심으로 바라는
장샛별 변호사

CONTENTS

이혼은 신중하게
부부 사이를 회복하는 방법

CHAPTER 1

이혼 준비는 철저하게
이혼 준비 전 필수 체크리스트

CHAPTER 2

이혼 사유는 분명하게
"저, 이혼할까요?"

이혼 진행은 빠르게
"하루를 살아도 마음 편히 살고 싶어요"

외도 이혼은 혼쭐나게
"속 시원하게 위자료 승소해주세요"

재산 분할은 넉넉하게
"살아온 세월을 인정받고 싶어요"

양육권 확보는 확실하게

"아이를 지키는 현명한 방법은?"

이혼 후에는 더 행복하게

"이혼하면 더 행복해질까요?"

CHAPTER 1

이혼은 신중하게

★ ───────────── ★

부부 사이를 회복하는 방법

당신이 이혼을
고민하는 이유

"변호사님, 저 이혼해야 할까요?"

　이혼 상담을 하다 보면 이런 질문을 하는 의뢰인을 종종 마주하게 된다. 처음에는 이혼 여부는 온전히 당사자가 결정해야 하고, 이혼 의사가 확고한 경우에만 소송을 진행해드릴 수 있다고 답했다. 그러던 어느 날 '의뢰인들이 이런 질문을 하는 이유는 무엇일까?'라는 생각을 하게 되었다.

　이혼은 이미 결정을 했고 상대방의 폭행 등으로 도저히 참을 수 없는 상황이지만, 용기를 얻고 싶은 마음에 이런 질문을 하는 사람들도 있다. 그러나 한편으로는 이혼을 해야 할지 정말 고민이 되어서 물어보는 사람들도 간혹 있다. 이런 분들에게는 상대에게 아직 애정이 있고 개선의 여지가 있다면 혼인 관계를 회복하는 데 도움이 될 만한 조언을 하기도 한다.

예를 들어 한쪽 부모님과 같이 살면서 다툼이 끊이지 않는 경우에는 관계가 더 극단적으로 악화되기 전에 관련 상담을 받거나 분가하는 방법을 권하기도 한다. 때로는 이혼이라는 극약 처방을 써서 배우자가 달라지는 경우도 있고, 미안하다 또는 사랑한다는 말을 진심을 다해 표현해볼 것을 권하기도 하며, 한 번 정도는 용서해도 괜찮지 않겠느냐고 조언하기도 한다. 이혼 소송 또는 상간자 소송을 제기했더니 배우자의 태도가 완전히 달라져서 다시 한 번 기회를 갖기도 하는 등 소송을 통해 부부 사이를 회복한 사례도 있다.

사람들이 어떠한 말 때문에, 또는 어떠한 행동 때문에 결국 이혼을 결심하게 되는지를 날마다 보다 보니 어떤 점을 유의하는 게 좋은지에 대한 조언도 해줄 수 있게 되었다. 때로는 극적으로 관계 회복에 도움을 주고 감사 인사를 받을 때도 있어 주변에서는 이혼 전문 변호사가 오히려 부부 사이를 좋게 만든다며 신기해하기도 한다. 나를 찾아온 사람들에게 어떻게든 도움을 줘야 한다는 사명을 갖고 임하다 보면 때로는 그 끝이 이혼이 아닌 경우도 있는 것이다. 이를 통해 이혼 전문 변호사로서 도움을 주고 보람을 느낄 수 있는 부분이 생각보다 폭넓다는 것을 깨닫게 되었다.

이혼이라는 이름의
극약 처방

"배우자가 갑자기 저를 두고 본국으로 돌아간다고 해요."

지금으로부터 약 4년 전, 의뢰인 A는 힘든 심경을 토로했다. 남편과 당초 이웃 주민으로 지내다가 연인 관계로 발전하게 된 의뢰인은 마치 운명처럼 생각하게 되었고, 빠르게 혼인 신고를 하고 부부의 연을 맺게 되었다고 했다. 그런데 어느 날 갑자기 남편이 본국으로 돌아가야겠다고 하였고, 의뢰인은 불투명한 미래에 대한 불안감이 커졌다. 남편은 언제 돌아올지 확답도 주지 않았고, 그렇다고 의뢰인이 같이 갈 수 있는 입장도 아니었다.

남편은 날마다 연락하면 아무 문제 없다는 식이었지만, 의뢰인은 도저히 이를 받아들이기가 어려웠다. 이혼 이야기도 해봤으나 심각하게 받아들이지 않았다.

사실 의뢰인이 가장 원하는 바는 남편과 함께 한국에서 지내는 것이었다. 그게 안 되면 차라리 이혼을 하는 게 낫겠다고 했다. 이에 필자는 이혼 소송을 바로 진행하기보다는 남편과 대화를 해보고 도저히 말이 통하지 않으면 이혼 소장을 접수하기로 했다고 최후 통보를 해보라고 했다.

며칠 후 의뢰인에게서 감사의 전화가 왔다. 남편이 극적으로 마음을 바꿔 한국에서 계속 지내기로 했다고 말했다. 남편은 의뢰인의 확고한 의사를 확인하고 이혼을 하는 것은 아닌 것 같다며 아내의 뜻을 받아들이기로 했다고 하니 때로는 이혼에 대한 언급이 극약 처방의 효과가 있기도 한 것이다.

이혼을 결심하게 만드는
상대방의 말!

날마다 이혼 상담을 하면서 확인하는 것 중 하나가 어떤 점이 가장 힘들었는지, 이혼을 결심하게 된 계기는 무엇인지다.

의뢰인 A는 남편과 주말부부로 지내면서 맞벌이를 하고 있었고, 어린 자녀의 양육을 위해 친정어머니의 도움을 많이 받고 있었다. 평일에는 친정어머니가 집에서 같이 생활하면서 아이를 돌봐주셨다.

의뢰인은 남편이 평소 남들 앞에서는 다정한 사람인 척하고 의뢰인과만 있을 때에는 습관적으로 폭언을 하여 정신적인 스트레스가 상당했다고 했다. 그래도 어린 아기를 생각해서 참고 살았다. 그러던 어느 날 친정어머니와 아기가 있는 앞에서 의뢰인에게 폭언을 했고, 이를 말리는 장모님에게 급기야 삿대질을 하며 소리를 지르기에 이르렀다. 의뢰인은 본인에게 뭐라고 하는 것은 어떻게든 참고 살아보려 했는데, 어머니에게까지 경우 없이 구는 것은 도저히 두고 볼 수 없어 결국 이혼을 하기로 결심하게 되었다.

한편 의뢰인 B는 남편이 신혼 초부터 싸우기만 하면 가출하는 것 때문에 마음고생이 심했다. 처음에는 며칠에 그쳤던 가출이 점점 몇 달까지 길어지기 시작했고, 급기야 싸울 때마다 시댁에서 전화가 걸려오곤 했다. 시어머니는 남편을 돌려보내기보다는 의뢰인에게 "우리 아들은 잘못 없다. 네가 사과해라"라는 식이었다. 이에 의뢰인이 그렇게 할 수 없다고 분명히 말하자, 너희 부모가 그렇게 가르쳤느냐면서 사돈에게까지 전화를 걸어 화를 냈다고 한다. 결국 의뢰인은 부모를 욕하는 시댁 때문에 이혼을 결심하게 되었다.

아무리 화가 나더라도 상대의 가족은 욕하지 말고 예의를 지킬 것, 부부 사이의 갈등을 섣불리 본가에 알려서 일을 키우지 말 것, 부부 사이에 그 어떤 문제가 있어도 가급적 당사자끼리 해결하고 서로의 가족을 존중하는 지혜가 필요하다.

관계를 회복시키는
마법의 말 한마디

"아내가 이혼하자고 하네요."

    의뢰인 A는 아내가 이혼 통보를 하고 아이를 데리고 친정으로 갔다고 했다. 의뢰인이 원하는 것은 단 하나, '양육권 확보'였다. 그동안의 양육 형태 및 현재 상황 등에 비추어볼 때 의뢰인의 입장에서 양육권 확보는 사실상 유리하지 않았다.

    나름대로 양육권 승소 확률을 높이기 위한 조언을 해주면서 더 폭넓은 이야기를 나누어보았다. 아내분이 왜 이혼을 생각하게 된 것 같은지, 의뢰인은 이혼 여부에 대해 어떻게 생각하는지, 회복의 여지는 전혀 없는지 등에 대해서 말이다.

의뢰인의 말을 들어보니 상호 간에 애정이 완전히 식었다기보다는 다투다가 서로 심한 말을 하게 되었고, 감정이 격해져 이혼 이야기가 나온 것으로 보였다. 전후 사정을 다 듣고서 필자는 의뢰인에게 진심으로 미안하다는 말과 함께 애정 표현을 해보라고 권했다. 그리고 며칠 지나지 않아 아내가 화를 풀었다고 연락을 해왔다. 그렇게 의뢰인은 결국 아내의 마음을 풀어주고 이혼의 위기를 넘길 수 있었다.

그렇다. 배우자가 거창한 무언가를 바라는 것이 아닐 수 있다. 상처 주고 책망하는 말, 객관적이라는 미명하에 지적하는 말보다는 지지하고 이해하는 말을 해보면 어떨까?

부부 사이를 회복하고 원만하게 유지하게 만드는 마법의 말 한마디, "미안해", "고마워", "사랑해"라는 표현은 자주 할수록 좋다.

변화를 강요한다면
서로 힘들어질 뿐이다

이혼 상담을 하면서 어쩌면 처음부터 잘 맞지 않는다는 것을 알면서도 결혼을 한 것이 아닐까 싶은 사람들을 많이 본다. 그런 부부를 볼 때마다 안타까운 마음이 들곤 한다. 결혼 후 상대방이 갑자기 돌변하는 경우도 있기는 하지만, 상대방의 행동을 감당하기 어려워하면서도 변화를 기대하면서, 또는 연민인지 사랑인지 모르는 감정에 이끌려 결혼하는 경우도 있다. 재혼을 하고 나서도 같은 이유로 이혼을 생각하게 되었다는 사람 또한 여러 번 봤다.

'처음부터 잘 맞는 배우자를 만났으면 어땠을까, 혹은 결혼 후 서로에게 더 좋은 배우자가 될 수는 없었을까'라는 생각을 종종 하게 된다.

의뢰인들이 많이 하는 말 중 하나가 "사람은 쉽게 변하지 않는다", "묵묵히 기다려도 보고 나름대로 노력도 해봤지만 더 심해질 뿐이다"라는 것이다. 애초에 상대방이 변할 것을 기대하고 결혼을 해서는 안 된다. 결혼 전에 그 모습 그대로여도 평생 감당할 수 있을지 진지하게 생각해볼 필요가 있다. 또 나는 어떤 사람인지, 상대방의 태도는 내가 감당할 수 있는 범위인지, 나 스스로를 존중하는 선택인지 차분히 생각해봤으면 한다.

이왕이면 나에게 맞는 사람을 만나서, 서로가 서로를 존중하고 서로의 장단점을 보완해가면서 행복한 결혼 생활을 하기를 기원한다.

한 번쯤 기회를
주는 것도 괜찮다

"아내가 직장 동료를 남자로 생각하고 있나 봐요."

　의뢰인 A는 어느 날 우연히 아내의 카톡을 보고 아내가 직장 내 남성에게 지속적으로 호감을 표현하고 있다는 것을 알게 되었다. 의뢰인은 아내가 가족과 함께 나들이를 가거나 여행을 갔을 때에도 그 남자를 생각하며 카톡을 주고받은 것을 알고 적지 않은 충격을 받게 되었다. 자신은 받아본 지 까마득한 애정 표현에 음식을 해다 준 사실 등, 배신감에 극심한 고통을 겪고 있었다.

　의뢰인이 카톡을 토대로 물어보자 아내는 사실을 순순히 인정하고 사과를 했다. 아내의 말에 의하면 아직 부적절한 관계까지는 아니고 일방적인 호감 표현 정도였다고 한다. 회사를 그만둘 것을 권했지만 아내는 다니기 시작한 지 몇 개월 되지 않은 회사를 그만두고 새로운 일자리를 구한다는 것이 여의치 않으니 관계를 확실히 정리하겠다고 했다. 의뢰인은 상대 남성에게도 연락을 했다. 그는 호감 표현을 받았던 것은 사실이고, 앞으로는 확실하게 선을 긋겠다고 했다.

물론 의뢰인이 원하는 바가 제일 중요하기는 했다. 어떤 일로든 신뢰 관계가 깨지면 더 이상 혼인 생활을 계속하지 못할 수도 있다. 다만 의뢰인은 괴롭기는 하지만 아내가 확실히 그 남성과의 관계를 정리한다면 한번 노력해보고 싶다고 했다.

어디에 말할 곳도 없다며 필자에게 "정말 지나가는 마음일 수도 있을까요?"라고 물었다. 필자는 같은 공간에 있는데 어떻게 마음 정리가 쉽게 되겠느냐고 생각할 수도 있지만 한 번쯤 지나가는 일로 그럴 수도 있다고, 이번에 분명히 단절한다고 하고 다시는 그런 일이 없을 것이라고 하니 한 번 정도는 넘어가보는 것이 어떻겠느냐고 조언을 했다. 의뢰인은 며칠 후 전화 통화에서 아직도 고민 중이기는 하지만 기회를 갖고 노력해보려고 한다고 했다.

모든 일에 정답은 없지만 자신이 원하는 바나 상황에 따라 때로는 회복의 여지는 없는지 한 번 더 고민하고 신중하게 이혼 여부를 결정하는 것이 좋다.

이혼 소송까지
가지 않으려면?

"이혼 소장을 받았어요. 그런데 저는 이혼하고 싶지 않은데 어떻게 하죠?"

　이혼 소송에는 원고가 있고, 피고가 있다. 피고의 입장에서 소장을 받고서 이혼에 동의하는 경우도 많지만, 때로는 이혼하고 싶어 하지 않고 나아가 도대체 원고가 왜 이혼 소송을 제기했는지 이유를 모르겠다고 말하는 경우도 꽤 있다.

　원고가 유책 배우자이거나 피고에게 아무런 귀책사유가 없고, 피고가 이혼을 원하지 않는다면 이혼 청구가 기각되기도 한다. 다만 피고가 원하는 것이 진정한 혼인 관계 회복이라면 법원에서 기각 판결을 내려준다고 한들 부부 사이가 다시 원만해지는 것은 아니다. 그러므로 무엇보다 상대의 마음을 헤아려볼 필요가 있다.

시간을 갖고 대화를 시도하고, 이해하고, 서로 노력하여 관계를 원만하게 개선한 끝에 원고가 소를 취하하는 경우도 있다. 예를 들어 피고의 외도 또는 가정에 대해 소홀한 점을 이유로 소를 제기한 경우 피고가 시간을 두고 용서를 빌고, 보다 나아진 모습을 보이기도 한다. 피고의 독단적인 경제권을 이유로 소를 제기한 경우 부동산을 공동명의로 변경하면서 관계를 회복한 사례도 있다. 정말 부부 사이의 회복을 원한다면 원고가 원하는 바를 이해하고 실행해보는 것도 좋은 방법이다.

CHAPTER 2

이혼 준비는 철저하게

★ —————————————— ★

이혼 준비 전 필수 체크리스트

이혼 준비 전
체크리스트 5가지

"이혼을 어디서부터 어떻게 준비해야 할지 막막해요."

이혼이 결코 쉽지 않은 결정인 만큼 합당한 마무리를 위해 철저한 준비가 필요한 것은 당연하다. 그런데 어디서부터 어떻게 준비해야 할지 막막할 수밖에 없다. 이혼을 준비할 때 다음의 다섯 가지만큼은 꼭 체크해보기를 권한다.

이혼 의사가 확고한가?

무엇보다 신중한 결정이 필요하다. 일단 이혼하자는 말을 꺼내게 되면

관계 자체가 회복되기 어려울 수 있다. 또한 이혼 후에는 이혼 전과 분명히 많은 부분에서 달라진다. 따라서 아무리 생각해도 부부 사이를 개선할 다른 방법이 없고, 이혼에 대해 확고한 결심이 섰을 때 진행할 것을 권한다.

위자료를 원할 경우 증거는 확보되었는가?

위자료를 청구하려면 반드시 증거를 확보해야 한다. 증거가 없으면 외도 등의 부정행위로 배우자 또는 상간자에게 위자료를 청구하기 힘들다. 워낙 중요한 부분이므로 어떠한 증거를 어떠한 방법으로 확보해야 할지부터 진단받을 필요가 있다.

아이는 누가 어떻게 키우는 것이 좋을까?

양육권은 누구보다 아이를 위한 결정이 되어야 한다. 아이의 정서적인 안정과 복리를 위해 어떻게 해야 할지에 대해 고민해볼 것을 권한다. 아이가 아닌 본인 또는 조부모의 입장을 우선하고 있는 것은 아닌지 진지하게 고민해보면 답을 찾을 수 있을 것이다.

본인이 양육자라면, 또는 비양육자라면 어떠한 방향으로 아이의 양육에 도움을 줄지 생각해보는 것도 좋다. 신중히 생각해보고 본인이 양육자로 지정되어야 한다는 확고한 이유와 의지가 있다면 그에 맞는 방법으로 미리 준비할 필요가 있다.

재산은 누구 명의로 되어 있는가?

재산이 배우자 명의로 되어 있다면 가압류나 가처분이 시급하다. 배우자가 재산을 몰래 처분하고 현금화해서 은닉하면 승소를 해도 현실적으로 돈을 받기 힘들 수 있다. 따라서 미리 가압류나 가처분을 하는 것이 필수다.

이혼 후 생활에 대한 준비가 되어 있는가?

이혼보다 더 중요한 것은 이혼 후 삶이다. 합당한 이혼을 하는 것만큼 중요한 것이 이혼 후 삶이다. 이혼이라는 쉽지 않은 결정을 한 만큼 이혼 후 더 편안하게 살아갈 방법을 찾아야 한다. 특히 이혼 후 경제적 자립에 대한 준비는 재산 분할을 적게 받으나, 많이 받으나 꼭 필요하다는 것을 명심했으면 한다.

협의이혼 시
체크리스트 3가지

"협의이혼 하면서 양육권을 양보했는데 다시 갖고 올 수 있을까요?"

"재산 분할을 너무 적게 받았는데 더 받고 싶습니다."

"양육비 감액도 가능한가요?"

이미 협의이혼을 했는데 바로잡고 싶은 부분이 있다며 찾아오는 사람들도 꽤 있다. 여러 가지 이유가 있겠지만, 흔히 빨리 이혼해버리고 싶은 마음에 합당하게 마무리할 겨를이 없었다고 말하곤 한다. 아직 변경할 기회가 있다면 다행이지만 이미 어찌할 수 없는 경우라든지, 승소하기 어려운 경우도 많다. 따라서 마음이 힘들더라도 협의이혼 단계에서 몇 가지를 미리 체크해볼 것을 권한다.

양육권 양보는 신중하게 하라

협의이혼을 할 경우 법원에서는 이혼 의사를 확인하고 양측이 자녀의 양육에 관련된 사항을 합의하여 제출하도록 하고 있으며, 위자료 및 재산 분할에 대한 사항은 일일이 챙겨주지 않는다. 우선 당부하고 싶은 것은, 양육권은 한번 양보하면 변경하기가 아주 어렵기 때문에 신중하게 결정해야 한다. 이혼할 당시 많이 힘든 상황이라 하더라도 섣불리 양육권을 양보하지 말고, 멀리 내다보고 용기를 내 도움을 구하기 바란다.

이혼 후 양육권자로 지정된 측이 아이를 양육하고 있는 경우에는 여러 가지 이유로 양육권을 변경하기가 쉽지 않다. 기본적으로 아이가 이미 적응한 양육 환경을 섣불리 변경하지 않고 유지하는 것이 아이에게 바람직하다고 보는 경향이 있기 때문이다. 만약 이미 양육권을 양보했는데 아이를 위해 양육권 변경이 반드시 필요하다는 확신이 있고, 어렵지만 최선을 다해보고 싶다면 그때라도 빨리 방법을 강구해야 한다.

양육권 변경이 아예 불가능한 것은 아니다. 비양육자임에도 불구하고 상대방의 동의하에 사실상 아이를 양육하고 있다면 양육권이 변경될 수 있다. 실제로 협의이혼을 하면서 상대방에게 친권 및 양육권을 양보했지만 사실상 주로 아이를 양육하는 상태가 계속되자 친권 및 양육권 변경 청구를 한 사례가 있다. 처음에는 상대방이 강하게 거부하였으나 결국 친권 및 양육권 양보를 이끌어내며 승소했다.

양육권자가 아이를 양육하기에 심히 부적합한 경우에도 양육권이 변경될 수 있다. 안타까운 사례로, 양육권자인 친부 또는 계모가 아이를 학대한 사실을 알고 친모가 양육권 변경을 하러 온 경우가 여러 번 있었다. 물론 이러한 경우에도 문제가 간단하지는 않다. 아이가 어리다 보면 본인을 양육하는 쪽에 의존하게 되기 때문이다. 따라서 아이가 미취학 아동인지 또는 취학 아동인지에 따라 누가 어떻게 보호할 것인지, 형사 사건을 진행할 것인지 여부 등의 전반적인 사항을 고려하여 반드시 아이를 보호하면서 친권 및 양육권을 변경해야 한다.

합당한 재산 분할, 위자료에 관해 조언을 받아라

더 이상 재산 분할 청구를 하지 않겠다고 합의한 후 이혼을 마무리하면 나중에 후회해도 돌이킬 수 없게 된다. 따라서 처음부터 전문가의 도움을 받아 합당하게 재산 분할을 하거나, 아니면 차라리 재산 분할에 관해서는 합의를 하지 말고 이혼 후 다투는 것도 한 방법이다. 재산 분할 청구는 이혼 후 2년 이내, 위자료는 이혼 후 3년 이내라면 가능하다.

양육비 증액 및 감액, 면접 교섭 등의 변경도 가능하다

당초 결정이 잘못되었거나 사정 변경이 있을 시 양육비의 증액 또는 감액 신청을 하는 경우도 꽤 있다. 이혼 후 경제 상황 등이 달라진 경우도 있지만, 이혼 당시에 일단 빨리 관계를 정리하기 위해 상대방이 요구하는 양육비에 응해 합의를 했는데 도저히 줄 여력이 안 되는 경우도 많다. 이러한 경우 상대방이 이행명령 청구에 이어 감치 청구까지 할 수 있기 때문에 이미 청구가 들어왔다면 대응이 필요하며, 무엇보다 경제 상황 등에 맞게 양육비 감액 등을 조정할 필요가 있다. 반대로 상대방의 소득 등에 비춰봤을 때 양육비를 너무 적게 책정한 경우에는 증액 청구가 가능하다.

협의이혼 시
알아둬야 할 방법과 절차

부부가 이혼에 관하여 합의를 하면 협의이혼을 할 수 있다. 미성년 자녀가 있다면 협의이혼 과정에서 양육에 관한 합의 내용을 반드시 제출해야 하므로 적어도 이혼 및 양육권에 관하여 합의가 되면 협의이혼 절차를 진행할 수 있다고 보면 된다. 그런데 협의이혼 절차에 위자료 및 재산 분할 관련 내용은 포함되어 있지 않으므로 별도로 챙겨야 한다.

협의이혼을 하면서 어떠한 내용으로 협의를 해야 할지 자문을 받기 위해, 또는 별도로 재산 분할 등에 관한 협의서를 명확하게 쓰기 위해 필자를 찾아오곤 한다. 협의이혼을 하기에 앞서 본인이 원하는 바와 상황에 맞게 위자료, 재산 분할(구체적인 액수 및 방법, 기한 등)에 관한 유리한 내용을 명확히 기재해둘 필요가 있다.

　서울 지역의 경우 재판상 이혼은 전부 서울가정법원 관할이지만, 협의이혼의 경우에는 서울가정, 동부, 서부, 남부, 북부지방법원 등 관할하는 구역이 다르므로 미리 확인해야 한다. 예컨대 서초구는 서울가정법원 관할이고, 송파구는 서울동부지방법원 관할, 서대문구는 서울서부지방법원 관할, 강서구는 서울남부지방법원 관할, 성북구는 서울북부지방법원 관할이다.

　협의이혼의 경우 관할 법원에 협의이혼 의사 확인을 신청하고, 미성년 자녀가 없는 경우에는 1개월, 미성년 자녀가 있는 경우에는 3개월의 숙려 기간을 거치게 된다. 양 당사자는 숙려 기간 이후 확인 기일에 직접 출석해야 하고, 일방이라도 불출석할 경우 신청을 취하한 것으로 보아 원점으로 돌아간다. 협의이혼은 이혼 의사 확인 이후 행정관청에 이혼 신고를 해야 효력이 발생한다.

협의이혼이 아닌 조정이혼을
하는 이유 3가지

"굳이 상대방과 같이 법원에 가고 싶지가 않아요."

"번복 우려가 없게, 명확하고 확실하게 마무리하고 싶어요."

"조금이라도 빨리 끝낼 수 있었으면 해요."

이혼에는 크게 두 가지 방법이 있다. 바로 협의이혼과 재판상 이혼이다. 조정이혼도 재판상 이혼의 일종인데 법원에서 열리는 조정 기일에 조정이 성립되면 바로 이혼의 효력이 발생하며, 조정 조서는 판결문과 같은 효력을 갖는다. 양 당사자 사이에 성립하는 조정은 당일 바로 효력이 발생하기 때문에 빠른 이혼을 원하는 경우 선호하는 방식이다. 한편 이의가 불가하다는 점에서 신중하게 준비할 필요가 있다.

양 당사자 사이에 합의가 성립된 경우 협의이혼이 아닌 조정이혼을 원하는 이유에는 여러 가지가 있겠지만 대표적으로 크게 세 가지 정도가 있다.

일단 협의이혼을 하려면 양 당사자가 같이 법원에 가야 하는데, 이것 자체에 부담을 느끼는 사람들이 생각보다 많다. 특히 양 당사자가 확인 기일에 법원에 나와야 하는데 상대방이 나오지 않는 경우, 또는 나와서 입장을 번복하는 경우 등에는 완전히 원점으로 돌아가서 신청부터 다시 해야 한다. 어떤 의뢰인은 협의이혼을 수차례 신청했다가 결렬되면서 몇 년간 결국 이혼이 되지 않아, 처음부터 소송을 했으면 이미 끝났을 것이라며 소송을 진행하러 오기도 했다.

합의 내용을 토대로 조정을 신청할 때에도 상대방이 번복하여 조정이 당초 예정대로 되지 않을 수 있으나, 조정이 성립되지 않더라도 재판이 이어져서 결국 결론이 난다. 또한 협의이혼에서는 위자료 및 재산 분할에 관한 협의서를 별도로 쓰게 되는데, 이혼은 이혼대로 진행하고 재산 부분은 따로 진행해야 하기 때문에 절차상 번거롭고 협의서의 내용이 명확한지, 실제로 효력이 있는지 등에 대한 불안감이 클 수 있는 것도 조정이혼을 택하는 하나의 이유다.

조정이혼의 경우 이혼, 위자료, 재산 분할, 양육권, 기타 내용을 전부 하나의 조서에 담을 수 있다. 이 조서는 법원의 판결문과 같은 효력을 가질 정도로 강력한 힘이 있기 때문에 나중에 문제가 생기느니 비용을 일부 들어서라도 조정으로 명확히 하고 싶어 하는 것이다.

한편 협의이혼의 경우 숙려 기간이 있는데, 조정이혼을 통해 이 기간을 단축하여 보다 빠르게 진행할 수도 있다. 재판부에 따라서는 미성년 자녀가 있거나, 조정이혼으로 합의서가 제출되었다고 해도 3개월 정도 지켜보는 경우가 있어 결론적으로 협의이혼과 비슷한 시간이 걸릴 수도 있기는 하다. 그러나 미성년 자녀가 있는 경우에도 조정을 신청하고 1개월 내지 2개월 만에 조정 기일이 잡혀서 조정 기일 즉시 합의된 내용대로 마무리된 사례, 합의서를 제출하여 화해 권고 결정이 빠르게 난 사례가 있고, 미성년 자녀가 없는 경우 조정 신청 및 합의서를 제출하고서 단 며칠 만에 화해 권고 결정이 난 사례 등이 있으므로 빠른 진행을 원하는 경우 조정이혼을 하는 것도 의미가 있다고 할 수 있다.

모든 일은 실질과 형식이 같이 중요한 것처럼 원하는 내용대로 합의가 성립되었다면 가장 최적의 절차로 마무리할 필요가 있다.

이혼 소송 절차 시
체크리스트 5가지

의뢰인의 상황 및 원하는 바에 따라 승소를 위한 진행 방향 및 순서가 달라질 수 있다. 참고삼아 의뢰인들이 절차에 관해 많이 하는 질문과 일반적인 답변을 공유한다.

이혼 소송 기간은 얼마나 걸릴까?

이혼 소송 기간은 보통 6개월 이상 1년 내외가 걸린다. 더 치열한 경우에는 1심만 2년 정도 걸리기도 한다. 반면 빠르게 끝나면 3개월 또는 1개월 내외 정도에 마무리되기도 한다. 조정 기일 안에 원만하게 마무리된 경우 또는 조정 기일까지 갈 것도 없이 소장 접수 후 원만히 합의한 내용을 제출하여 더 빨리 마무리된 경우 이혼 소송 기간이 짧게 걸린다.

법원에 직접 가야 할 일이 많이 있나?

변론 기일에는 보통 변호사만 참석한다. 다만, 사안의 특성상 당사자가 참석하는 것이 유리한 경우, 같이 참석한다. 조정 기일에는 당사자도 같이 참석하는 것이 유리한 경우 또는 재판부에서 당사자 참석을 특히 강조하는 경우 등에 같이 참석한다. 가사 조사나 부부 상담 절차를 진행하는 경우에는 당사자가 직접 참석한다.

이혼 소송을 제기하면 상대방은 언제 알게 되나?

이혼 소장을 접수하면 법원에서 상대방에게 송달하는데 보통 1~2주 정도 소요된다. 하지만 재판부 상황에 따라 일주일 내외의 차이가 발생할 수 있고, 상대방이 바로 받지 않으면 주말이나 야간에 송달하는 특별송달을 진행하는 등 여러 가지 변수가 있다.

이혼 소송의 대략적인 절차는 어떻게 진행되나?

이혼 소송은 총 7단계로 이루어진다.

① 증거 확보나 필요한 조치를 먼저 한다.
② 재산이 상대방 명의로 되어 있다면 가압류를 한다.
③ 이혼 소장 접수 ⇨ 상대방에게 송달, 상대방은 보통 30일 내에 답변서를 제출

해야 한다.

④ 필요 시 사전 처분도 접수한다.(소송 중 임시 양육비 신청 등)

⑤ 재산 조회 등을 신청한다.

⑥ 조정 기일 또는 변론 기일을 지정한다. 가사 조사 등을 바로 실시하는 경우도 있다. 빠르게 진행할 필요가 있는 경우 법원에 기일 지정 신청을 한다.

⑦ 이혼 소송이 마무리된다.(조정 성립 또는 판결 선고 등)

상대방이 전혀 대응을 하지 않으면 어떻게 되나?

간혹 상대방이 대응을 하지 않을까봐 걱정하기도 한다. 그런데 상대방이 대응을 하지 않아도 이혼 소송은 진행된다. 이혼 소장 송달 자체를 받지 않으면 공시 송달 제도를 활용하고, 소장 등을 송달 받고도 계속 출석하지 않으면 일방 당사자 측이 제출한 내용을 참조해서 판결하게 된다.

이혼 소장을 받았을 때
체크리스트 2가지

이혼 소장을 받으면 크게 두 가지 반응을 보인다. 이혼 자체의 기각을 원하거나 이혼에는 동의하지만 양육권, 재산 분할, 위자료 등으로 의견 충돌을 보이는 것이다. 그런데 이혼 청구가 기각되는 경우에는 이혼을 전제로 하는 위자료, 재산 분할, 양육권에 대한 판단도 이루어지지 않는다.

이혼 소장을 받으면 바로 이혼을 해야 할까?

어떤 사람은 이혼 소장을 받자마자 바로 입장을 정리해야 하는 것으로 생각하고 압박감을 느끼기도 하는데 꼭 그럴 필요는 없다. 실제로 이혼 기각을 원했다가 나중에 오히려 이혼을 청구하고 재산 분할 등을 주장하기도 하고, 이혼 기각을 일관되게 주장하면서도 만약을 대비해 재산 분할 관련 내용 등을 정리하기도 한다.

갑작스러운 이혼 소장, 어떻게 대처해야 할까?

이혼이라는 것이 결정하기 쉽지 않은 문제이다 보니 충분히 생각할 시간이 필요하다. 또한 특별한 사유가 없는 상황에서 이혼 소장을 받았을 때 이혼 기각을 주장하려다가 상대방이 자신에게 유리한 안을 제안하면 일단 이혼을 하되 다른 부분에서 유리한 내용으로 조정해 마무리하기도 한다. 처음부터 이혼 의사가 확고하고, 다른 부분에 다툼이 있다면 이혼 등을 청구하는 반소장을 접수하면 된다.

이혼 기각을 원하는 경우에도 소송 중 양육비를 받는 임시 양육비 청구가 가능하다. 양육비 청구 등이 이혼 기각 주장과 배치되는 것이 전혀 아니므로 염려하지 않아도 된다. 부모라면 당연히 양육비를 같이 부담해야 하기 때문이다. 이렇게 되면 양육비 청구를 위한 참고 자료로 상대방의 계좌 등 재산 관련 조회를 하기도 한다.

이혼 상담 전
체크리스트 3가지

상담은 최대한 빨리 받는 것이 좋다

이혼 소송이 본격화되고 나서 상황이 안 좋아진 후에 상담을 하러 오는 경우가 있다. 상대방이 이미 재산을 처분해서 은닉했거나 아이를 데리고 집을 나가서 별거를 시작한 이후에는 문제가 더 복잡해진다.

이혼이라는 것이 워낙 중차대한 일인 만큼 미리 대비하고, 안전하고 합당하게 마무리할 수 있는 방법을 찾아야 한다. 이혼 절차가 본격화되기 전에 상담을 받게 되면 증거 확보, 재산 분할, 양육권 등에 대해 도움을 받을 여지가 커지고, 더 안전하게 준비할 수 있다는 사실을 명심해야 한다. 다만 사람 일이라는 것이 모든 것을 다 예상하기는 어렵다 보니 예측하지 못했던 일이 일어나기도 한다. 어떤 일이 이미 일어났다면 대책을 세우는 것이 중요하다.

가령 그저 빨리 이혼하고 싶을 뿐이었는데 반드시 배우자의 부정행위 증거 자료를 추가로 확보해야 하는 줄 알고 시간을 낭비하는 경우도 있다. 위자료보다 중요한 것이 빠른 이혼이었다면 추가 증거 확보 전에 전문가를 찾아가도 되는데 말이다. 이렇듯 잘못 알고 있는 정보로 시간을 지체하고 힘을 뺄 수도 있으므로 전문가를 최대한 빨리 찾아가는 것이 중요하다.

궁금한 점과 원하는 바를 미리 생각해보라

이혼 상담을 받으러 가면 이혼 전문 변호사가 의뢰인의 상황을 확인하고 필요한 진단을 내려준다. 다만 의뢰인에 따라 궁금한 점이나 원하는 바가 다를 수 있다. 원하는 바는 가급적 빠른 이혼일 수도 있고, 양육권 확보가 제일 중요할 수도 있으며, 때로는 재산 분할에서 어떤 재산을 또는 얼마를 받는 것이 관건일 수도 있다. 원하는 바에 따라 진행 방향이 달라질 수 있으므로 궁금한 점과 원하는 것을 미리 생각해보는 것이 좋다.

이혼 전문 변호사와 상담하라

치과 의사와 안과 의사가 엄연히 다르다는 것은 누구나 알고 있는 상식이다. 그런데 변호사도 전문 분야가 있다는 사실은 모르는 경우가 많다.

예를 들어 눈이 혼탁한데 잘 아는 의사 중에 치과 의사가 있으니 그에게 백내장 진단 및 수술을 받아야겠다고 생각하는 사람이 과연 있을까? 그리고 치과 의사는 과연 본인의 전문 분야가 아닌데 수술을 실시하는 것이 환자를 위한 것일까?

이혼은 하나부터 열까지 그 분야만의 특수성이 강하다. 따라서 기본적으로 이혼 전문 변호사에게 상담을 받아야 한다. 참고로 이혼 '전문' 변호사라는 용어는 대한변호사협회에 정식으로 등록을 해야 사용할 수 있고, 대한변호사협회에서 인증한 '전문분야 등록증서'를 확인하면 된다. 변호사마다 전문 분야가 다르고, 분야마다 잘하는 변호사는 따로 있다. 그래서 필자도 다른 분야의 변호사들에게서 이혼 상담 및 소송을 맡아달라는 부탁을 받는 경우가 상당히 많다. '이혼', 워낙 중요한 일인 만큼 확실한 전문가에게 진단받기를 권한다.

CHAPTER 3

이혼 사유는 분명하게

"저, 이혼할까요?"

이혼 가능한
6가지 사유

"뭐든 독단적으로 행동하는 남편만 보면 숨이 턱턱 막혀요. 남들이 말하는 귀책사유는 딱히 없는데, 도저히 같이 살 수가 없을 것 같아요. 하루하루가 고통인데 이혼 승소, 가능할까요?"

이혼을 청구하는 원고 입장에서는 상대방이 동의하지 않는 한 재판상 이혼 사유가 있어야 이혼이 가능하다. 당사자 입장에서는 혼인 관계의 지속이 아무리 괴롭고 힘들지라도 재판부는 기본적으로 유책주의 입장에서 이혼 인용 여부를 판단하기 때문이다.

민법은 이혼 사유를 크게 여섯 가지로 규정하고 있다.

- 외도 등의 부정행위

- 악의적인 유기

- 배우자 또는 그 직계존속에게 심히 부당한 대우를 받을 때

- 자기의 직계존속이 심히 부당한 대우를 받을 때

- 배우자의 생사가 3년 이상 분명하지 않을 때

- 기타 혼인을 계속하기 어려운 중대한 사유가 있을 때

어떤 의뢰인은 이렇게 질문하기도 했다.

"남편이 외도를 하거나 폭행을 한 것은 아닌데요, 혹시 경제관념 차이로도 이혼이 되나요?"

단순한 경제관념의 차이를 넘어서 상대방의 독단적인 경제권 등으로 원고를 부당하게 대우한 점, 이로 인해 혼인 관계가 파탄에 이르러 더이상은 결혼 생활을 계속하기 어려운 점을 재판부에 전달하여 이혼 및 재산 분할에 승소한 사례들이 있다. 따라서 사안에 따라 구체적인 진단이 필요하다.

특히 상대방의 귀책사유에 관한 명확한 증거 없이 이혼을 청구하는 원고 입장 또는 이혼 기각을 구하는 피고 입장이라면 이혼 사유에 대한 신중한 검토가 필요하다.

억울한 결혼 생활,
참고 살 필요가 있을까?

"지나고 보니 저는 아내가 아닌 '종'이었어요. 지난 세월이 원통
합니다."

이혼 상담을 하다 보면 "그동안 어떻게 참고 사셨어요?"라는 질문이
절로 나오는 경우가 꽤 있다. 이에 어떤 의뢰인들은 "제가 잘 몰랐어요"
라고 답하기도 한다. 하도 배우자에게 세뇌를 당하다시피 해서 남들도
다 그런 줄 알았다는 사람도 있고 배우자가 이상한 줄 몰랐다거나, 그냥
참고 살아야 하는 줄만 알았다거나, 심지어는 배우자의 말만 듣고 본인
이 이상한 줄 알았다고 하는 경우도 있다.

어떤 의뢰인의 남편은 시아버지가 돌아가시자 아내인 자신과 상의도 없이 갑자기 시어머니를 집으로 모시고 왔다고 한다. 심지어 남편은 출퇴근 시간 등을 핑계로 회사 근처에서 살고, 의뢰인이 혼자서 수년간 시어머니와 한 방에서 생활하면서 간병을 했다. 남편에게 넓은 집으로 이사를 가자고 해보았지만 일언지하에 거절했고 생활비도 제대로 주지 않았다. 의뢰인은 고마워하기는커녕, 무시하고 폭언을 일삼고 심지어 폭행까지 하는 남편의 행태에도 불구하고 수년을 참고 살았다. 그런데 알고 보니 남편은 오래전부터 외도를 하고 있었다. 남편의 휴대전화에 저장된 적나라한 외도 장면을 자녀들이 발견하면서 큰 충격에 빠졌고, 의뢰인은 그제야 더 이상은 이렇게 살 수 없다는 결단을 내렸다.

의뢰인은 지나온 세월이 너무나 억울했다. 자신은 남편이 외도하는 줄도 모르고 묵묵히 시어머니를 모시며 그토록 가정에 헌신했는데 얼마나 원통했을까. 시어머니 또한 의뢰인을 냉대하고 폭언을 하고 욕설을 하니 자녀들도 왜 종 취급을 당하면서 사느냐고 이혼을 하라고 했다.

고민 끝에 의뢰인은 이혼 소장을 접수했다. 그동안 너무나 편하게 살았던 남편은 초반에 이혼을 할 수 없다고 했고, 나중에 가서는 재산 분할을 못 해주겠다는 등의 주장을 하였으며, 재판 절차에도 비협조적이었다. 그러나 결국 의뢰인의 상황 및 원하는 바가 재판부에 잘 전달되어 이혼 및 재산 분할에 있어 합당하게 승소했다. 이혼 전문 변호사로서 누군가의 '해방'을 옆에서 돕고 있다는 사명감이 들 때가 꽤 있다. 부디 스스로 존중받아야 하는 소중한 사람임을 기억했으면 한다.

유책 배우자가
이혼 청구를 해도 될까?

"유책 배우자의 이혼 청구, 가능한가요?"

혼인 파탄의 귀책사유로 가장 쉽게 떠올릴 수 있는 것이 부정행위다. 외도 등을 하여 혼인 파탄에 책임이 있는 일방 배우자를 '유책 배우자'라고 하는데, 유책 배우자는 이혼 소송에서 과연 승소할 수 있을까?

이혼 상담을 하다 보면 유책 배우자는 소송 제기 자체를 못 하는 것으로 오해하는 경우가 종종 있다. '유책 배우자는 이혼 청구를 하지 못한다'는 말의 의미는 유책 배우자도 일단 이혼 소송을 제기할 수는 있으나, 상대방 배우자의 동의가 없는 한 원칙적으로 이혼 청구가 기각될 수 있다는 뜻이다.

　의뢰인 A의 배우자는 오랜 기간 외도를 하던 중 급기야 별다른 설명도 없이 집을 나가더니 이혼 소송을 제기했다. 의뢰인은 배우자의 외도 상대방에 대해 상간자 위자료 소송을 청구하여 승소한 판결문을 이혼 소송에 제출하는 식으로 방어하여 이혼 청구를 기각시켰다.

　그렇다면 유책 배우자가 이혼 소송을 제기하여 이혼이 성립된 사례도 있을까? 협의이혼을 안 해주면 소송을 제기하는 것 말고는 달리 방법이 없다. 그러다 보니 승소하기 어렵다는 것을 알면서도 일단 소송을 제기해보는 경우가 있는데, 때에 따라 이혼이 성립되기도 한다.

　의뢰인 B는 수년 전 집을 나와 새로운 사람을 만나서 가정을 이루고 자녀를 두게 되었다. 배우자에게 이혼을 제안해보기도 했지만 그럴 때마다 이혼해줄 생각이 전혀 없으니 지금이라도 집으로 돌아오라는 말뿐이었다. 의뢰인은 결국 이혼 소송을 제기하였고, 1심에서 조정을 진행해보기도 했다. 하지만 상대방이 원하는 금액이 생각보다 고액이었기에 결렬이 되었으며, 결국 패소를 했다. 그런데 2심에서 계속 협상을 시도한 끝에 극적으로 조정이 성립되어 이혼을 하게 되었다. 자세한 내막을 밝히기는 어렵지만 배우자가 이혼을 반대한 배경에는 경제적인 이유가 컸고, 소송 진행 중 사정 변경이 있었기에 1심에서 요구한 금액의 절반에도 못 미치는 일부 금액만 위자료 조로 지급하면서 이혼이 성립되었던 것이다.

　한편 유책 배우자의 이혼 청구도 예외적으로 허용될 수 있다는 것이 판례의 태도다. 대법원은 상대방 배우자도 혼인 관계를 유지할 의사가 없는 경우는 물론 이혼을 청구하는 배우자의 유책성을 상쇄할 정도로 상대방 배우자 및 자녀에 대한 보호와 배려가 이루어진 경우, 세월의 경과에 따라 유책 배우자의 유책성과 상대방 배우자가 받은 정신적 고통이 점차 약화되어 쌍방의 책임 경중을 엄밀히 따지는 것이 더 이상 무의미할 정도가 된 경우에는 예외적으로 유책 배우자의 이혼 청구를 허용할 수 있다고 보고 있다.

유책 배우자로서 이혼 청구를 하는 경우 또는 상대방 배우자로서 이혼을 막고 싶은 경우라면 판례 등을 살펴 사안에 맞는 전략을 세우고 꼼꼼하게 준비할 필요가 있다.

위자료는 청구하면
무조건 받을 수 있을까?

"남편이 부부 싸움만 하면 시댁으로 가출을 해요. 생활비도 안 주고요. 이런 경우 위자료 청구가 가능할까요?"

이혼 소송 시 서로에게 위자료 청구를 하는 경우가 많이 있다. 그러나 위자료 청구에 대해 재판부에서 가장 많이 하는 판단은, 혼인 파탄에 관하여 어느 일방의 책임이 더 크다고 보기 어렵다는 이유로 양측의 위자료 청구를 모두 기각하는 것이다. 반면, 위자료 청구가 인정되는 가장 대표적인 사례는 배우자의 외도 등 부정행위가 있는 경우이고, 그 외에 폭행 등이 있다. 상대방에게 잘못이 있고 본인은 억울하다고 하더라도 모든 경우에 다 위자료 청구가 인정되는 것이 아니라 구체적인 사안에 따라 다르며, 재판부에 어떻게 전달하는지에 따라 결과가 다를 수 있는 것이다.

그렇다면 일방적으로 가출을 하고 생활비도 주지 않는 배우자에 대한 위자료 청구는 어떻게 하면 될까?

크든 작든 부부 싸움만 하면 시댁으로 가출을 해버리던 의뢰인의 남편은 처음에는 며칠 집에 안 들어오다가 나중에는 몇 달씩이나 안 들어왔다. 심지어 의뢰인이 아이를 출산하고 경제활동을 하지 못하는 와중에도 가출을 하고 생활비를 일절 지급하지 않았다. 또 시댁에서는 남편을 집으로 돌려보내기보다는 "우리 아들이 원래는 안 그랬다. 네가 들어와서 우리 집안이 이 모양이 되었다. 이혼 안 하고 싶으면 시댁으로 들어와 살아라"라는 말뿐이었다.

이 경우 혼인 파탄에 대한 책임이 남편에게 있음을 분명히 하기 위해 이혼 및 위자료를 청구했는데, 시댁이 손주에게 집착을 보여 양육권 확보에 대한 우려가 있었다. 우리는 서면 또는 가사 조사 과정에서 배우자의 가출 등 '악의의 유기'로 인해 혼인이 파탄에 이른 점을 주장했다.

재판부는 "원고와 피고의 혼인 관계는 혼인 기간 동안 가출을 반복한 피고의 행위로 인하여 더 이상 회복할 수 없을 정도로 파탄에 이르게 되었고, 이로써 원고가 정신적 고통을 입었을 것임은 경험칙상 명백하므로 피고는 원고에게 위자료를 지급할 의무가 있다"고 판단하여 원고의 위자료 청구를 인용했다. 또한 남편이 가출을 하는 와중에도 의뢰인은 아이를 전적으로 양육해왔기 때문에 양육 상황을 그대로 유지하면서 양육권에서도 확실하게 승소할 수 있었다. 이처럼 위자료 청구 시 승소하려면 상대방의 귀책사유로 인해 혼인이 파탄에 이른 점을 증빙할 만한 설득력 있는 서면을 제출할 필요가 있다.

고부 갈등과 장서 갈등, 이혼 사유가 될까?

이혼 상담을 하다 보면 양가 사이에서 갈등이 심화되어 찾아오는 경우가 많이 있다. 특히 가족이 모이고 갈등이 표출되는 명절 이후에 이혼을 결심하는 사람들도 꽤 있다. 결혼을 해서 가정을 이루었으면 부부가 중심이 되어 대화를 하고 가정을 잘 이끌어나가야 하는데, 배우자가 여전히 부모님 말만 우선시하면 갈등이 생기기 십상이다.

시댁 식구 또는 처가 식구와의 갈등으로 인해 상담을 하러 오는 사람들을 보면 대화로 잘 풀어보라고 하거나 각종 부부 상담 등을 권하기도 한다. 그러나 이미 갈등이 심화되어 고통이 극심하고, 여러 가지 시도를 해도 전혀 달라지지 않은 경우를 접하게 되면 더 이상 참고 살아보라고,

또는 상담을 먼저 받아보면 어떻겠느냐고 말하기가 쉽지 않다.

"무시하고 비교하는 장인어른, 장모님 때문에 하루하루가 고통입니다."

장인과 장모에게 오랫동안 냉대와 무시를 받아왔다며 찾아온 의뢰인이 있었다. 그는 처가와 가까이 살다 보니 자연스럽게 교류가 잦았고, 특히 함께 여행을 다니는 일이 많았다. 그런데 만날 때마다 다른 사위들과 비교하고, 재산을 바라지도 않는 의뢰인에게 줄 재산이 없으니 받을 생각도 하지 말라고 했다.

성실하게 직장에 다니는 의뢰인에게 얼마 안 되는 월급 백날 받아봤자 집 사기는 글렀다, 공부 좀 해서 이직을 하든지 하라는 말을 수시로 해도 묵묵히 참았지만, 아내까지 아이 앞에서 본인을 무시하고 비난하는 언행이 심해지자 도저히 더는 이렇게 살 수 없다면서 이혼 소송을 진행하게 되었다.

"우리 엄마한테까지 막 대하는 남편, 더는 못 참겠어요."

"나한테 막 대하는 것은 그래도 참겠는데요, 우리 엄마한테까지 경우 없이 구는 것은 용납이 안 되네요"라고 말하는 의뢰인이 꽤 있다. 아이의 양육을 위해 친정어머니가 한집에 상주하면서 도움을 주다가 각종 갈등이 심해지면서 막말에 물리적 충돌까지 생기기도 하는 것이다. 그렇게 갈등이 극심해지면 도저히 같이 살 수가 없으니 이혼을 하는 경우가 많다.

막상 같이 살아보니 너무 안 맞고 오히려 서로에게 고통이거나, 오랜 기간에 걸쳐 갈등이 심화되어 도저히 회복될 수 없는 경우에는 합당한 이혼으로 마무리하는 것이 최선일 수 있다. 또 한편으로는 갈등이 심화되기 전에 해결할 방법은 없었을까, 어떻게 하면 부부가 중심이 되어 대화로 크고 작은 갈등을 잘 풀어나갈 수 있을까 하는 고민도 동시에 하게 된다. 부부가 중심이 되어 스스로 문제를 풀어나가야 한다고 인식하며 노력하고, 양가 가족 또한 부부가 행복한 결혼 생활을 유지할 수 있도록 어느 정도 거리를 지켜주는 배려와 지혜가 필요하다.

외도한 아내의 이혼 청구,
기각될 수 있을까?

"아내가 10년 동안이나 외도한 사실을 알게 되었습니다. 급기야 가출을 하더니 이혼 소장을 보내왔네요. 그래도 이혼은 하고 싶지 않은데 어떻게 해야 하나요?"

딸과 함께 상담을 하러 온 의뢰인은 아내로 인해 크게 상처를 받은 상황이었다. 수십 년 동안 아내와 딸을 위해 성실하게 일하고 가정에 충실하며 살아왔다고 자부했는데 알고 보니 아내가 10년 동안이나 외도를 한 점, 상간남의 딸에게 '우리 딸'이라는 호칭을 쓰고 있었다는 점을 알고 마음의 상처가 얼마나 클지 가늠조차 하기 힘들었다. 거기다가 이혼 소장까지 받은 상황이었지만 그래도 이혼만큼은 하고 싶지 않다고 했다.

이혼 소장을 받고 상담을 하러 오는 경우 의뢰인이 원하는 바는 크게 두 가지로 나뉜다. 이혼 기각을 원하는 경우와 이혼에는 동의하되 재산 분할이나 위자료, 양육권, 양육비 등의 부분에서 원고의 청구와는 다른 결과를 원하는 경우다. 때로는 원고의 청구를 그대로 받아들일 의사는 있으나, 안전하게 검토 및 진행을 요청하는 경우도 있다.

이혼 기각을 원하는 이유는 다시 크게 세 가지로 나뉜다.

첫째, 원고에게 유책이 있으므로 이를 근거로 기각을 원하는 경우.

둘째, 원고, 피고 양측 모두에게 별다른 귀책사유가 없는 경우.

셋째, 비록 의뢰 당사자에게 유책 사유가 있으나 혼인 관계의 회복을 원하는 경우.

의뢰인이 원하는 바와 상황에 따라 각기 다른 방식으로 진행됨은 물론이다.

이 경우 원고는 부정행위를 한 유책 배우자에 해당하고, 의뢰인은 이혼 청구의 기각을 원했다. 대법원은 혼인 생활의 파탄에 대하여 주된 책임이 있는 배우자는 원칙적으로 그 파탄을 사유로 하여 이혼을 청구할 수 없다는 입장이다.

의뢰인이 상간남에 대한 위자료 청구 소송을 원하여 이혼 소송 대응과 별도로 이 부분도 진행이 되었다. 참고로 상간남에 대한 위자료 청구에서 승소하기 위해서는 상간남의 인적 사항부터 시작해서 부정행위에 해당하는 증거 확보, 유부녀임을 인식했다는 점 등의 요건을 갖추어야 한다.

　의뢰인의 경우 상간남을 상대로 위자료 소송을 빠르게 진행하여 승소하였고, 이 자료를 이혼 소송에도 제출했다. 이혼 소송은 원고가 혼인 파탄에 주된 책임이 있는 배우자라는 사실을 근거로 기각되면서 승소했다.

마땅한 사유가 없어도
이혼할 수 있을까?

사람의 마음은 명확하게 설명하기 어려운 경우가 많다. 물론 이혼 사유가 충분한데도 이혼이 안 될까봐 우려하는 사람들도 꽤 있지만, 반대로 이혼 소송에는 상대방과 재판부가 있다 보니 당사자 입장에서는 이혼 사유라고 생각해도 법원에서는 달리 판단하는 경우도 있다.

상대방에게 명확한 귀책사유가 없는 경우 이혼이 기각될 우려가 있는데, 그렇다면 이러한 때에는 어떻게 해야 할까?

일단 이혼을 하자고 상대방에게 요구하기도 하고, 별거를 하기도 한다. 그러다 결국 상대방이 이혼에 응해주지 않을 때 이혼 소장을 접수하는 경우가 많다. 왜냐하면 어차피 상대가 응해주지 않으면 협의이혼 자체가 불가하고, 비록 기각될 우려가 있을지라도 소송이 이혼할 수 있는 유일한 방법이며, 막상 소송을 제기하고 나면 결국 그 과정에서 파탄이 심화되거나 조정으로 이혼이 되는 경우도 많기 때문이다.

"상대방에게 별다른 이혼 사유는 없지만 이혼을 꼭 하고 싶어요."

의뢰인 A는 배우자와 결혼을 하고 보니 의외로 안 맞는 부분이 많고, 무엇보다 무능하고 무책임한 모습에 앞날이 걱정되었다. 그러다 도저히 같이 살 수 없어 이혼을 해야겠다고 결심했다. 사람이 만나고 헤어지는 것은 얼마든지 있을 수 있는 일이고, 어제는 괜찮게 생각되었던 점이 오늘은 단점으로 보일 수 있는 것도 맞다. 다만 이미 혼인 신고를 한 경우에는 이혼이라는 절차를 거쳐야 한다는 것이 다르다.

의뢰인은 상대방이 이혼에 동의하지 않자 이혼 소장을 접수했다. 상대방은 여전히 이혼할 수 없고 혼인 관계 회복 및 유지를 원한다는 입장이었다. 의뢰인의 입장을 열심히 피력하였지만 재판부에서도 딱히 이혼 사유가 없다고 보는 상황이었다. 그러나 의뢰인은 분명히 길지 않은 혼인 기간 동안 많은 상처를 받았고, 잘못한 것도 없는데 상대방이 요구하는 위자료를 줄 이유는 없었다. 이에 이혼 소송 과정에서 기각되어도 더 이상 같이 살 수는 없게 되었음을 상대방도 인식할 수 있도록 했다. 특히 임대차 보증금 전액을 의뢰인이 빠르게 반환 받으면서 상대방이 경제적인 압박도 받게 되었다. 이에 결국 조정으로 이혼이 성립되면서 소송이 마무리되었다.

"저는 가정에 충실해왔는데 갑자기 이혼 소장을 받았어요."

의뢰인 B는 주말부부였는데 언제부터인가 남편과의 다툼이 잦아졌고, 남편이 집에 일절 오지 않게 되었다. 그러던 중 이혼 소장을 받게 되었다.

남편의 냉대와 무시, 폭언, 압박에 이혼을 생각하기도 했지만 수십 년간 충실하게 지켜온 가정을 이렇게 허무하게 끝내야 한다는 것이 의뢰인으로서는 도저히 받아들여지지 않았다. 이에 기각을 일관되게 주장했고, 재판부에서도 이혼 사유 없는 이혼 청구라는 심증을 보이기도 했다.

그렇게 소송이 진행되어가던 중 의뢰인도 현실적인 부분을 생각하지 않을 수 없었고, 재산 분할과 거의 성년에 이른 자녀들의 경제적인 지원을 확보할 수 있다면 이혼을 고려할 만하다는 입장이 되었다. 이에 판결로는 받을 수 없는 상당히 유리한 결과, 즉 집은 의뢰인이 그대로 보유하고 추가로 재산 분할 및 생활비 등을 지급 받는 안으로 조정이 성립되면서 소송이 마무리되었다.

혼인 무효는
언제 될까?

"결혼하고서 얼마 살지도 않았는데, 혼인 무효 안 될까요?"
"결혼했는데 알고 보니 남편이 아버지 사촌 형의 손주예요. 평소 교류가 없어 알 턱도 없었는데 이러면 혼인 무효인가요?"

　의뢰인 중에 '결혼한 것 자체가 너무 억울하다. 아예 무효로는 안 되느냐'고 문의하는 경우가 종종 있다. 혼인 무효는 처음부터 부부가 아닌 것으로 보나, 혼인 취소나 이혼은 취소되기 전 또는 이혼하기 전까지는 혼인의 효력이 유효한 것으로 보기 때문에 아무래도 무효를 더 선호할 수 있다. 그러나 혼인 무효는 민법에서 정한 경우에 해당해야만 가능하다.

민법 제815조는 1호)당사자 간에 혼인의 합의가 없는 때, 2호)8촌 이내의 혈족 사이에 혼인한 때, 3호)당사자 간에 직계인척 관계가 있거나 있었던 때(장인, 장모, 시아버지, 시어머니 등이 직계인척에 해당한다), 4호)당사자 간에 양부모계의 직계혈족 관계가 있었던 때(양부와 양녀, 양모와 양자였던 자) 혼인이 무효라고 규정하고 있다. 실제로 상대방의 동의 없이 일방적으로 혼인 신고 서류를 작성하여 혼인 신고를 한 경우가 종종 있었는데, 이는 혼인 무효 사유일 뿐만 아니라 형사상 사문서 위조 등 범죄에 해당한다.

2호와 관련하여 기억에 남는 사례가 있다. 의뢰인 A는 상대방과 6촌의 친족이었고, 상호 그것을 알고 결혼했다. 그러나 상대방은 의뢰인과 다툼이 생기자, 결국 6촌 이내의 친족임을 이유로 혼인 무효 확인을 구했다. 혼인 무효는 법에 정해진 대로 판단하기 때문에, 8촌 이내의 친족에 해당하면 무효가 맞다. 다만 의뢰인은 억울함을 호소하였고, 검토 결과 8촌 이내의 친족이면 무조건 무효라는 것은 지나치게 과도한 제한으로 보여 필자는 민법 제815조 1호에 대해 위헌법률심판을 제청했다. 이를 해당 법원이 기각하여 헌법재판소에 직접 헌법소원심판을 청구하였으며 현재 심리가 진행 중이다.

필자는 유전학, 우생학적 우려로 인해 근친혼을 금지한다고 할 경우 4촌보다 먼 8촌에 이르는 근친혼까지 금지할 과학적 근거가 없는 점 등을 기재한 서면을 제출했다. 결과가 나와 봐야 알겠지만 근거 없이 광범위한 제재로 인해 성적 자기결정권, 특히 혼인의 자유와 혼인에 있어 상대방을 결정할 자유를 침해받는 누군가를 구제하고자 한 점, 법 조항을 그대로 인정할 것이 아니라 과연 위헌은 아닌지 고민한 점, 해당 사건의 당사자를 위해 법이 헌법상 기본권을 침해한 것은 아닌지를 숙고하여 헌법재판소에 헌법소원을 청구하는 등 끝까지 최선을 다하고 있는 점에 의미가 있다고 생각한다.

승소 사례로 보는
이혼 사유

나약한 마마보이, 편드는 시댁 식구

당신의 이야기 결혼하고 얼마 지나지 않아 남편과 싸웠는데 지금은 무엇 때문이었는지 잘 기억도 나지 않아요. 부부 사이에 싸울 수도 있는 것이라고 대수롭지 않게 생각했는데, 남편이 저와는 말을 한마디도 안 하더니 시댁에 가버리고 일주일 넘게 집에 오지 않는 거예요. 시어머니는 아들을 돌려보내지 않을 뿐만 아니라 제 탓을 하시더라고요. 그때 이혼하고 싶은 생각이 들었지만 꾹 참았어요.

그러다가 제가 임신을 해서 몸이 한창 힘들 때 남편과 크게 싸웠는데 또 시댁으로 가버리더라고요. 그때는 남편이 제 카드도 끊어버리고 생활비 한 푼 안 주고 집에 몇 달을 안 들어왔어요. 그런데 나중에 한다는 말이 시댁에 들어가서 살자더라고요. 정말 숨이 꽉 막히는 답답함이 느껴졌죠.

아기를 낳고 잘 살아보려고 했지만 다짜고짜 시댁에 들어가자는 남편, 남편 뜻에 따르라는 시어머니 때문에 산후우울증이 더 심해지는 느낌이더라고요. 며칠 전 싸우고 또 시댁에 들어간 남편, 이제 더는 못 참겠네요. 시댁에서 아기에 대한 애착이 엄청 강한데요, 저는 깔끔하게 이혼하고 양육권도 안전하게 확보하고 싶습니다.

이혼을 앞둔 당신에게

많이 힘드셨죠? 가장 가까운 사람이고 든든한 내 편이어야 할 남편이 가장 멀게 느껴질 때가 있지요. 고부 갈등에 마마보이까지 겹치면 도저히 감당하기 힘든 때가 오는 듯합니다. 참고 참다가 화병이 나서 찾아오는 분들을 보면 마음이 정말 아픕니다.

막막하시죠. 억울하시죠. 답답하시죠. 막상 살아보니 나에게 어떻게 이럴 수가 있는지, 많이 힘드실 겁니다.

일단 이혼 청구는 가능합니다. 다만 이러한 경우 시댁에서도 양육권에 적극적으로 나오면 다툼이 상당히 치열해질 수 있습니다. 이혼 이야기를 상대방과 본격적으로 하기 전에 상담을 받으러 오셔서 다행입니다. 양육권의 경우 소송 전에 미리 조치를 취하는 것이 꽹

장히 중요합니다.

의뢰인은 미리 재산을 가압류하고 양육권 주장에 대비한 후 이혼, 위자료, 양육권, 재산 분할 등을 청구했습니다. 그 결과 이혼 및 위자료 인정, 의뢰인으로 양육자 지정, 재산 분할 승소 등 모두 원하는 대로 확실하게 승소할 수 있었습니다. 무엇보다 우리 의뢰인과 자녀분이 편안하고 안정적인 삶을 살 수 있었으면 합니다.

"아내 덕 좀 보자는 남편, 너무 부담되네요"

결혼하면서 남편한테 바라는 게 있었어요. 자격지심을 안 가졌으면 좋겠고, 스스로 책임감 있게 앞가림하고 저에게 너무 기대지 않았으면 좋겠다는 것이었어요. 남편에 비해 제 급여가 세 배 정도 많았고 저는 전문직인데 남편은 직장도 불안정하고, 급여도 적었어요.

남편 말에 의하면 회사가 작기는 하지만 앞으로 발전 가능성이 크고, 사장이 자기를 좋게 보고 있어서 착실하게 다니려고 한다고 했었거든요. 그런데 남편이 결혼하고 얼마 지나지 않아 직장을 그만두겠다고 하더라고요. 그래서 왜 그러느냐고 했더니 회사 상황이 많이 안 좋대요. 그러면서 사업을 해도 되겠느냐고 하더라고요. 순간 마음이 철렁 내려앉으면서 무언가로 쿵 얻어맞은 느낌이었어요.

제가 그랬죠. 계획이 너무 막연한 것 같은데 사업할 자금도 당장 없지 않느냐고요. 그때 남편이 "아내 덕 좀 보면 안 돼?"라고 너무 당연한 듯 말하는 거예요. 여기서부터 갈등이 시작되었어요. 그런데 그 갈등이 마무리가 안 되고, 서로 심한 말이 이어지다 이제 더 이상 돌이킬 수 없게 된 듯합니다. 시작부터 잘못되었었나 싶어요. 남편이 결혼할 때 갖고 온 돈만 돌려주고 깔끔하게 끝내고 싶습니다.

이혼을 앞둔 당신에게

부부 관계가 회복될 여지는 없을지 조심스럽게 질문했지만, 의뢰인은 이미 많이 힘들어서 몸까지 아프다고 했죠. 결혼 전 약속하고도 다르고, 갈등이 생겼을 때 서로 대화로 해결하려고 하지도 않고 막말까지 하는 것을 보고 많이 실망해서 이미 감정의 골이 깊어졌다고요.

이혼 의사가 확고했기에 쉽지 않은 길이지만 함께하면서 합당하게 마무리할 수 있도록 도와드리기로 했습니다. 이혼 자체에 협의가 안 되는 사안이다 보니 소송이 유일한 방법이었지만 재판부에서 보면 이혼 사유가 명확하지 않을 수 있어 조심스럽게 소송을 진행했습니다. 상대방은 처음에는 이혼 사유가 없다면서 이혼 기각을 구했고, 정말 이혼을 원한다면 보상을 충분히 하라는 입장이었습니다.

우선 의뢰인은 혼인이 파탄에 이른 경위에 대해 구체적인 내용이 담긴 서면을 제출하였고, 재판부에서 부부 상담을 권하여 절차를 성실히 이행했습니다.

우리는 서둘러 판결을 받기보다 먼저 조정을 제안하였고, 의뢰인이 혼인 기간 동안 상처를 받은 점, 이혼이 기각된다고 한들 관계가 회복될 수 없는 현실, 의뢰인이 반환 받아서 보유하고 있는 전세 보증금은 이혼이 전제되지 않으면 분할해줄 수 없다는 점 등으로 조정을 진행했습니다. 상대방도 결국 이혼을 받아들이고, 통상 합당한 범위 내에서 재산 분할에 동의하면서 조정으로 원만하게 마무리한 사례입니다.

경제적 무능력, 무책임에 지치다

 남들처럼 평범하게 살고 싶었는데 그게 쉽지가 않았어요. 남편은 한 직장을 6개월 이상 다녀본 적이 없습니다. 그만둘 때마다 이유는 있었어요. 이래서 힘들고 저래서 힘들고……. 누구는 안 힘들겠어요? 저도 외곽에 발령받는다거나 새로운 업무를 맡는다거나 하면서 정말 힘든 고비가 있었지만, 아이들을 생각해서 참고 견뎠습니다. 남편은 말로만 이번에는 정말 잘 다녀서 생활비를 꼭 주겠다고 했지, 한 번도 한 회사에 제대로 정착을 한 적이 없어요.

최근에는 구직활동도 안 하고 집에서 주식을 하더라고요. 지난번에는 저와 말다툼 후 화가 났는지 이것저것 부숴놨더라고요. 숨이 막히고 지치네요.

결국 이혼하자고 이야기하고, 집에서 나가라고 해도 꾸역꾸역 집에 붙어 있습니다. 그러면서 한다는 소리가 법대로 하라네요. 제가 원하는 것은 이혼, 아이들 양육권, 양육비입니다. 집도 제 명의로 되어 있고, 상대방은 제대로 된 경제활동도 안 했으니 가급적 분할을 안 해주고 싶습니다.

이혼을 앞둔 당신에게

혼자 아이들을 책임지느라 많이 힘드셨죠. 남편은 옆에 있으면서 오히려 부담만 되니 혼자서 아이들을 키우는 것보다 더 박탈감을 느끼시는 것 같아요.

이혼을 성립시키는 것부터 양육권 확보까지 당연히 도와드릴 수 있습니다.

쟁점은 재산 분할이겠는데요, 재산 분할에서는 의뢰인의 기여도를 높이는 것이 중요합니다. 실제 가정에 기여한 부분에 현저히 차이가 나면 기여도에 분명히 반영이 됩니다. 혼인 기간이 몇 년 이상이면 무조건 50퍼센트를 줘야 하는 것은 아니고, 사안에 따라 의뢰인의 기여도가 60퍼센트 내지 90퍼센트 정도까지 인정된 승소 사례가 꽤 있습니다.

이에 의뢰인의 기여도를 원하는 바에 맞게 최대한 도와드린 사례입니다.

시댁만 가족인 남편, 아내는 보모 취급

 시댁은 바로 옆에 살고, 시누이들도 가까이 살아요. 시댁은 멀수록 좋다더니, 제가 요새 절감하고 있어요. 더 이상은 못 참겠습니다.

주말이면 우리 집에 시어머니, 큰 시누, 작은 시누가 자연스레 늘 모여요. 한 번에 다 같이 오는 것도 아니고 차례차례 오니 청소하고, 밥해 드리고 간식 드리다 보면 하루가 다 가더라고요. 그래도 참았는데 남편이 지방에서 올라오고 나서는 평일, 주말 할 것 없이 수시로 저희 집에 옵니다. 남편에게 힘들다고 말해도 도저히 이해를 못 해요. 남편에게 시댁 얘기만 하면 싸움이 나요. 그리고 더 힘든 건 남편과 싸우고 나면 꼭 시어머니한테 전화가 오더라고요.

이를 어떻게 해야 하나 고민하다가 이사를 가면 어떨까 싶더라고요. 그래서 남편에게 "아이 키우기 더 좋은 환경으로 이사를 가자. 가서 사내 어린이집에 보내자"라고 말해봤어요. 한번 생각해보자고 하더니 며칠 후 시어머니한테 또 전화가 오더라고요. 그렇게 중요한 문제를 시어머니와 상의도 없이 결정하려고 했느냐는 거예요.

그동안 있었던 일을 다 이야기하자면 너무 많은데요. 남편은 우리 가족의 중요한 문제도 다 시댁과 먼저 상의하고, 저를 보모 정도로 생각하는 것 같아요. 이혼 그리고 친권, 양육권을 원합니다.

이혼을 앞둔 당신에게

먼저 "이혼 의사가 확고하신가요?"라고 질문을 드렸어요. 그랬더니 "네, 충분히 고민했고 확실히 결심을 굳혔습니다"라고 하시더라고요. 그래서 말씀드릴 수 있었습니다. "잘 오셨습니다"라고요.

왜 '화병'이라고 하죠? 참기만 하다가 여기저기 병이 난 후에 찾아오시는 분들을 너무 많이 봤습니다. 스스로 자신을 지키지 않으면 아무도 지켜줄 수 없는 것 같아요. 가족의 한 구성원이라면 응당 서로 위해주고 아껴줘야 할 텐데, 그러기는커녕 사람으로서의 기본 예의도 안 지키는 사람과 과연 평생을 살 수 있을까요?

결국 의뢰인이 원하는 바대로 친권, 양육권 그리고 깔끔한 이혼을 확실하게 도와드리기로 했습니다. 일단 상대방이 재산에 대해 강하게 집착한다고 해서 이혼 의사를 전혀 밝히지 않고 바로 가압류를 신청해서 빠르게 인용을 받았습니다. 또한 양육권 확보를 위해 미리 필요한 조치를 취해놨고요.

상대방은 처음에는 재판 절차에 비협조적으로 나오고 이혼 사유가 없다고 주장했지만, 결국 의뢰인의 상황과 원하는 바가 재판부에 잘 전달되어 사전처분 결정(임시 친권자, 양육자 지정 및 양육비)부터 유리하게 진행되었습니다.

"대놓고 무시하는 장인어른과 아내, 더는 못 참겠어요"

당신의 이야기 "남자는 결혼할 때 집을 해가야 한다"는 말이 요즘에도 통하나요? 아버지가 몇 년 전 지인에게 사기를 크게 당하셔서서 제가 결혼할 때 집을 못해준다고 많이 미안해하셨지요. 저는 아버지께 지금까지 길러주신 것만도 너무 감사하다고 말씀드렸어요. 요즘 시대에 꼭 남자가 집을 해가야 하는 것도 아니고, 제 상황을 이해해주는 여자 만나서 하나씩 일구어 나가겠다고요. 그런데 결국 그런 여자를 못 만났네요.

상견례를 얼마 안 남겨둔 시점에 장인어른이 저에게 뜬금없이 "나는 자네에게 더 해줄 돈이 없네"라고 하시는 것이었습니다. 신혼집 전세 보증금을 양가에서 반씩 보태주셨는데 그것이 마음에 안 드셨는지……. "그럼요, 장인어른. 앞으로 저희가 잘 모시겠습니다"라고 말씀드리기는 했는데 마음이 불편해지는 것은 어쩔 수 없더라고요. 상견례 때도 무겁고 불편한 분위기에, 결혼 후에도 계속되는 무시, 냉대, 비교에…, 말로 다 할 수 없을 만큼 그런 일들이 일상이 되어버렸어요.

처가가 가깝다 보니 워낙 자주 왕래하고 같이 여행도 여러 번 갔는데요, 장인어른이 여행 가서도 저에게 "첫째 사위는 대기업 다니는데 자네는 영어 공부라도 좀 해보지 그러나"라고 혼내듯이 말씀하시더라고요. 여행까지 가서 그런 말씀을 들어야 하니 서러웠죠. 그래도 장인어른이 그러는 것은 참을 만했습니다. 그런데 며칠 후 연락도 없이 술을 마시고 새벽에 들어오는 아내에게 연락 좀 하고 다니라고 화를 냈더니 장인어른이 하시던 온갖 무시하는 말을 그대로 하면서 네가 뭔데 간섭이냐고 막말을 하더라고요. 심지어 아이들도 보고 있었어요.

제가 무엇 때문에 이런 취급을 받으면서 살아야 하나 싶습니다. 더는 이렇게 살 수 없을 것 같아요. 이혼 의사가 확고합니다.

이혼을 앞둔 당신에게

가까운 사이일수록 사람에 대한 기본 예의를 지켜야 하는데 그렇지 못한 경우도 많이 있는 것 같습니다. 덮어놓고 무시하고, 특히 가까운 사람이 습관적으로 행하는 무시란 참 견디기 힘들죠. 그렇게 무시하는 행동이 잘못된 것임에도 불구하고 가족들이 다 같이 그러면 답답한 심정이 오죽할까요.

의뢰인은 일단 빠른 이혼과 재산 분할을 원하셨어요. 그래서 재산 분할 대상을 조회하는 것부터 도와드렸고요, 상대방이 분양권 계약을 했다고 하기에 법원을 통해 상대방이 계약서를 제출하게 만들고 필요한 조회를 했습니다. 필요 시 감정을 진행하려고 했으나 적절한 금액에 양측이 동의하여 빠르게 재산 분할 대상 및 시세를 확정하고 기여도 주장에 집중하여 합당하게 도와드렸습니다.

경제적으로 시댁에 의존하는 남편

 시댁에 돈이 꽤 있는 편인데 남편이 결혼 전에 그러더라고요. "부모님이 다 큰형 주신다고 했다. 그래도 우리 집은 해주신다고 했으니 감사하면서 살자." 그래서 알겠다고 했고, 큰 욕심도 내지 않았습니다. 그런데 이게 웬걸, 시댁에서는 집을 해준다고 직접 말씀하셨었는데, 막상 전세를 남편 명의도 아닌 시아버지 명의로 하시더라고요. 남편은 시아버지가 하시던 사업을 큰형과 같이 하는데 사장은 큰형이고, 본인은 월급만 받는다면서 얼마를 받는지 말도 안 해주고요. 남편이 시댁 상가 건물에 매일 가서 청소나 하고…, 무슨 머슴 같아요.

기분이 안 좋았죠. 저는 며느리로 인정하지 않고, 남편을 끝까지 꽉 잡고 있으려 하는 시댁과 무조건 시댁 말에 따르는 남편. 그래도 갓난아이를 생각해서 이혼은 생각도 못 했었어요.

그러던 어느 날 남편이 시댁에 들어가 살자고 하더라고요. 시댁에 들어가면 저도 식모처럼 살 모습이 눈에 훤하더라고요. 남편에게 월급이 적어도 좋고 집이 좁아도 좋으니 우리 힘으로 살았으면 좋겠다고 말해도 남편은 제 말을 들으려고도 하지 않았어요.

다툼이 계속되던 중 남편이 "너랑 아기는 알아서 살아라. 양육비고 뭐고 한 푼도 못 준다. 시댁 안 들어갈 거면 이혼하자"고 하더라고요. 제가 그 순간 얼마나 억울하던지, 어쩌다가 처자식을 내팽개칠 사람과 결혼을 한 건지, 이게 무슨 팔자인가 싶었어요.

적어도 양육비는 받아야 하지 않을까요? 도와주세요.

이혼을 앞둔 당신에게

"처자식 버린 남편에게 이혼을 강요당했어요"라고 말씀해주실 때 '아고, 잘 오셨습니다'라는 마음이 절로 들었습니다. 결혼을 했고 아이도 있는데 책임을 져야죠? 심지어 양육비도 한 푼 안 주겠다니, 이게 말이 되나요? 결혼 후 부모님에게 경제적, 정서적으로 어느 정도 독립이 안 되고 의존하게 되면 부부 사이에 위기가 올 수 있습니다.

집도 시댁 재산일 뿐 본인 앞으로 재산이 없다고 하더라도 양육비는 당연히 줘야 하는 것이 맞거든요. 그래서 양육비 판결을 합당하게 받아드렸습니다.

CHAPTER 4

이혼 진행은 빠르게

"하루를 살아도 마음 편히 살고 싶어요"

이혼 소송, 빨리 끝낼
방법이 있을까?

"이혼 소송 기간은 얼마나 걸릴까요? 어떻게 하면 빠르게 이혼 할 수 있나요?"

　이혼 상담을 진행하다 보면 이혼 소송 기간과 빠른 이혼 방법에 대한 문의를 많이 받는다. 아무래도 상당한 고민 끝에 이혼을 결심한 만큼 빠르게 끝내고 싶은 마음이 드는 것은 당연하다.

　이혼 소송 기간은 앞에서도 말했듯이 보통 6개월에서 1년 가까이 걸리는 경우가 많고, 길면 2년이 넘어가기도 하며, 짧으면 3개월 이내에 끝나기도 한다. 이혼 소송 기간은 재판부의 절차 진행과 상대방의 태도 등에 따라 달라질 수 있다. 예를 들어 상대방이 이혼 자체를 안 한다고 하면 아무래도 더 길어질 수가 있는 것이다.

그렇다면 이혼 소송을 제기하는 입장에서 빠르게 끝내는 방법에는 어떤 것이 있을까?

우선 쉽게 생각해볼 수 있는 것이 이혼 소장을 빨리 접수하는 것이다. 처음부터 완벽한 소장을 작성하기 위해, 또는 여러 가지 현실적인 이유로 이혼 소송을 결정하고도 소장 접수 자체에 시간을 꽤 소요하는 경우가 많다. 이혼 사유를 너무 자세히 기재하는 것은 조정 성립 등에 오히려 안 좋은 영향을 줄 우려가 있다. 따라서 소장에는 꼭 필요한 내용만 담고, 기본 필요 서류를 첨부한 후 바로 접수하여 빠르게 진행하는 것이 좋다. 추후 필요 시 서면은 얼마든지 제출할 수 있다.

다음으로 화해 권고 결정 또는 조정을 최대한 활용하는 방법이 있다. 협의이혼을 하자고 할 때에는 그렇게 말이 안 통하다가 막상 소장을 접수하면 이혼 및 양육권, 재산 분할 등까지 쉽게 합의되는 경우도 꽤 있다. 이런 경우 합의서를 작성하여 법원에 제출하면 화해 권고 결정을 내려주거나 조정 기일에 양측 의사를 확인하여 빠르게 마무리된다.

한번은 의뢰인이 빠른 이혼만을 원한다며 이혼 소장을 접수하자 상대방이 "원하는 대로 해줄 테니 자녀는 끌어들이지 말라"는 문자를 보냈다. 우리는 이 문자를 캡처하여 양측의 이혼 의사가 합치되었으니 화해 권고 결정을 내려달라고 요청하였고, 재판부의 결정에 양측 모두 이의를 제기하지 않아 단 1회의 재판 출석 없이 이혼 확정이 빠르게 결정된 사례도 있다.

한편 절차 진행에 관한 의견을 적극적으로 제시하는 방법도 있다. 예를 들어 재판 기일이 늦어지는 경우, 재판을 빠르게 진행해야 할 이유가 있는 경우 기일 지정 신청서 등을 재판부에 제출하여 진행을 서둘러달라고 요청할 수 있다. 또한 상대방이 이혼을 반대한다면서 부부 상담 등을 요청하는 경우 절차의 지연에 불과하다고 생각한다면 그러한 의견을 재판부에 적극적으로 피력할 필요가 있다.

의처증에서 빠르게
벗어날 수 있는 방법

"숨 막히는 남편의 의처증, 이제는 폭행까지 해요. 하루빨리 이혼할 수 있는 방법이 있을까요?"

사례 남편은 제가 시댁에 갈 때에도 저만 보내지 않고 늘 데려다 주고 데리러 왔습니다. "옆 차가 쫓아온다. 옆 차 사람에게 따라오라고 눈짓한 것 아냐?" 남편이 시댁으로 저를 데려다 주면서 한 말이에요. 어이없는 말을 듣고, 의심을 받으면서도 늘 참고 살았어요. 몇 년간 휴대전화도 없이, 가족 외에는 연락조차 하지 못해서 친구도 다 잃었네요.

그렇게 몇 년을 남편이 하라는 대로 하고 살다가 일을 하고 싶다고 했더니 하라고 하더라고요. 남편이 이제는 절 믿나 싶었는데, 퇴근하고 집에 오면 어찌나 의심하고 추궁하는지……. 어느 날 남편이 저를 추궁하다가 갑자기 화를 내면서 심하게 폭행을 했어요. 그때 가까스로 112에 신고를 하고 상황을 모면했는데요, 그로부터 며칠 후 퇴근하고 집에 가니 남편이 소주 세 병을 앞에 두고 마시고 있더라고요. 저를 보자마자 휴대전화를 빼앗아 집어던지고 다시 폭행이 이어졌고요. 다음 날 무사히 집에서 나와 지금 별거를 하고 있어요. 제가 원하는 것은 그저 이혼뿐입니다. 만약 상대방이 안 해주겠다고 하면 어떻게 해야 하죠?

의처증 또는 의부증으로 숨 막히는 결혼 생활을 이어오다가 이혼을 결심하고 찾아오는 경우가 꽤 있다. 의뢰인 A는 남편의 의처증에도 불구하고 참고 참았지만 결국 극심한 폭행으로까지 이어지면서 이혼을 결심했고 원하는 바는 오직 빠른 이혼뿐이었다.

의뢰인은 이혼 소송 제기에 필요한 혼인관계증명서 등 기본 서류를 첨부하여 즉시 소장을 법원에 접수했다. 이후 이혼 사유를 구체적으로 기재한 추가 서면에 112 신고 내역을 첨부하여 제출했다. 배우자는 이혼에 결코 동의할 수 없다는 답변서를 제출했지만, 결국 1회 조정 기일에 이혼에 동의하였고, 즉시 이혼이 성립되어 종결된 사례다.

참고로 조정 기일에 양측 당사자의 의사가 합치되어 임의 조정이 성립되는 경우 더 이상 이의가 불가하다. 따라서 빠른 종결을 원하는 경우 효과적인 방법이고, 다른 한편으로는 신중하게 결정할 필요가 있다.

소송 절차를
빠르게 진행하는 방법

"하루빨리 정리가 되었으면 좋겠어요. 빠른 진행 부탁드릴게요."

조정 성립 또는 화해 권고 결정

이혼을 하자고 말할 때에는 그렇게 버티고 안 해준다고 하거나, 줘야 할 돈도 안 주던 사람이 막상 이혼 소장을 받고 소송이 진행되면 쉽게 응해 주는 경우가 꽤 있다. 따라서 조정 가능성을 늘 염두에 두고 조정 시 어떠한 조건으로, 어떻게 진행할지 및 그에 대한 근거 자료를 준비해놓을 필요가 있다. 한편 조정은 조정 기일 당일 양측이 동의하면 그대로 성립되며, 이의가 불가하므로 신중히 생각하고 이에 대해 미리 준비해두어야 한다.

상대방과 어느 정도 선에서 조정이 되고, 그것이 유리한 안이라면 조정을 성립시키는 것이 빠르게 좋은 결과를 얻는 방법임은 물론이다. 때로는 조정보다 더 빠르게 진행되는 경우가 있는데, 바로 화해 권고 결정을 받는 방법이다.

예컨대 이혼만이 쟁점인 경우 상대방의 명확한 동의 없이도 화해 권고 결정을 받아 마무리된 사례들이 있다. 또는 상대방과 합의가 되어 조정 기일까지 갈 것도 없이 화해 권고 결정을 신청하여 마무리된 경우도 있다. 사안에 맞게 조정 또는 화해 권고 결정을 적절히 활용하는 것도 좋은 방법이다.

아이를 못 만나고 있거나 임시 양육자 지정이 시급한 경우

별거를 하면서 이혼 소송을 진행할 때 어느 한쪽이 아이를 데리고 있게 되는데, 이때 아이를 전혀 보여주지 않는 경우가 많이 있다. 이러한 경우 아이를 빨리 보고 싶으면 사전처분 심문기일을 빨리 잡아달라고 요청하는 방법이 있다. 또 한쪽이 주로 양육을 해왔고 계속 양육을 하고 있는데 상대방이 아이를 강제로 데려가려고 하는 등 위협이 있는 경우 이러한 내용을 서면에 기재하는 방식의 조치를 취하고, 기일 지정 신청서를 제출하거나 재판부에 전화를 하여 요청하는 방법이 있다.

한편 상대방이 폭행을 행사하는 경우에는 피해자보호명령을 신청하면서 임시보호명령을 신청하는 것도 한 방법이다. 임시보호명령으로 상대방의 퇴거 및 접근금지를 명하기도 하고 결정도 빠르게 나오는 편이며, 이를 위반하면 형사상 제재도 가능하다.

재산 분할 및 위자료 예상 액수에 따른 소장 접수

재산 분할을 청구할 때 소장에 종종 '2억 100만 원'을 적는 이유는 현재 청구하는 금액이 2억 원 이하이면 단독재판부(한 명의 판사가 진행 및 판단)가 담당하고, 2억 원을 초과하면 합의부(세 명의 판사가 진행 및 판단)가 담당하므로 미리 합의부에서 진행되도록 하기 위해서다.

처음에 1억을 청구했다가 이혼 소송이 한창 진행되는 중에 알고 보니 상대방의 재산이 꽤 많아서 2억을 초과하는 재산 분할을 청구하는 경우도 있다. 물론 그때라도 변경을 해야겠지만 변경하는 데 시간이 더 소요될 수 있기 때문에 청구하는 재산 분할 금액이 추후 2억 이상이 될 것으로 예상된다면 미리 2억 초과 금액으로 청구하는 것이 좋다. 다만 청구하는 액수가 커지면 당사자가 납부해야 하는 수수료(인지대)의 액수도 커지기 때문에 적절한 금액으로 청구할 필요가 있다.

기일이 지정되지 않는 경우

상대방이 이혼 소장을 받고 답변서를 제출했으나 기일이 계속 지정되지 않는다거나, 부부 상담 또는 가사 조사가 마무리된 후라든가, 합의부로 이송된 후 기일이 지정되지 않는 경우에는 기일 지정 신청을 할 필요가 있다.

가능한 빠르게 재산을 조회하는 방법

재산을 조회하는 데에도 시간이 꽤 소요된다. 상대방의 재산을 명확히 안다고 자신하기 어려울 경우 전반적으로 파악하도록 노력해야 한다.

상대방이 자료와 함께 재산 목록을 제출하도록 재산명시명령을 신청하는 방법, 곧바로 각종 재산을 조회해보는 방법이 있다. 보통 부동산 소유 내역은 법원 행정처, 부동산 담보 대출은 해당 은행, 예금 등은 시중 은행 10개 이상, 보험은 한국신용정보원, 주식은 한국예탁결제원, 퇴직금은 해당 회사, 자동차는 관할 시청을 통해 파악한다. 이때 보험과 관련해서는 해당 보험사에 다시 조회하고, 주식 또한 해당 증권사를 통해 조회할 필요가 있다.

재산 조회를 일부러 늦출 이유가 없다면 이혼 소장 접수 직후 신청을 하는 것이 아무래도 조회를 빠르게 마무리하는 방법일 것이다.

승소 사례로 보는
빠른 이혼 사유

당신의 이야기 그동안 살아온 세월을 돌이켜보면 말도 못 해요. 남편은 무슨 사업을 한다면서 날마다 빚만 늘렸지 생활비 한번 제대로 갖다 준 적이 없어요. 심지어 술만 마시면 물건을 집어던지는 일도 다반사였죠. 힘들어도 딸을 생각해서 참고 참았는데 몇 년 전 설 때였어요. 남편이 집에 있는 물건들을 사정없이 부수고 심지어 딸한테도 얼마나 소리를 지르던지, 그때 도망을 나왔죠.

그 후로 집에 쭉 들어가지 않고 있어요. 그러다 몇 달이 지난 후에 이혼해달라고 연락을 했어요. 처음에는 알겠다고 같이 법원에 가자고 하더니 만나기로 한 날 나타나지를 않는 거예요. 그렇게 또 시간이 한참 흐르고 나서 다시 연락을 했더니 이제는 대뜸 남자가 생겼느냐고, 그렇지 않고서야 왜 자꾸 이혼을 하자는 것이냐면서 말도 안 되는 의심에 트집을 잡는 거예요. 그 사람과는 더 이상 연락하고 싶지도 않고, 얼굴도 보고 싶지 않습니다. 이제부터라도 마음 편히 살고 싶어요. 빠른 이혼 부탁드립니다.

이혼을 앞둔 당신에게

의뢰인이 원하는 바는 빠른 이혼, 딱 그것 한 가지였는데요. 승소 사례가 많다고 해서 상담 단계에서 무조건 좋게만 말씀드릴 수는 없었습니다. 만약에 상대방이 이혼을 하지 않겠다고 나오면 시일이 꽤 소요될 수 있다는 점을 미리 말씀드렸고요, 의뢰인이 가장 원하는 바인 빠른 이혼을 위해 어떤 식으로 도와드릴지에 대해 설명을 했습니다.

일단 그간에 있었던 사실을 충분히 서면에 반영했고요, 여러 가지 자료를 요청드려서 증거를 첨부하였습니다. 소장을 받은 후 상대방이 의뢰인에게 문자를 보냈는데요, 역시나 의뢰인과 늘 소통을 하다 보니 이 문자도 바로 공유가 되었습니다. 의미가 있는 내용이라고 판단되어 이 문자의 캡처본을 법원에 제출하여 '이혼하라'는 화해 권고 결정을 내려줄 것을 요청드렸습니다.

법원에서는 이 요청을 받아들여 화해 권고 결정을 내렸고요, 상대
방이 이 결정문을 받고 이의를 제기하지 않아 그대로 이혼이 확정
되었습니다. 의뢰인이 그러시더라고요. "이렇게 빠르게 해결이 되
다니 미리 올 걸 그랬어요, 감사합니다"라고요. 역시 소송이라는 것
은 사람이 하는 것이고, 진심으로 원하면 통한다는 말을 실감하게
되었습니다.

"폭행하는 남편, 생각만 해도 심장이 벌렁거려요"

 남편은 결혼 초반부터 자기중심적인 면이 있었어요. 폭언에
툭하면 윽박지르기 일쑤였지요. 화가 나면 물건도 집어던져
서 다 부수고……. 저는 그런 것이 신고할 수 있는 것인지도, 이혼 사유
가 되는 것인지도 생각 못 하고 지냈어요. 아이가 있으니 참아야 된다는
생각뿐이었지요. 그런데 아이가 중학생이 되고, 고등학생이 되면서 학
교에서 힘든 일을 겪든 말든, 자기만 생각하는 그 습관은 안 바뀌더라고
요. 그래도 아이한테는 심하게 안 해서 저만 참으면 된다고 생각했는데
언제부턴가 아이한테까지 폭언을 하기 시작했어요.

얼마 전에는 아이가 시험 전날이라 공부해야 한다고 저녁을 같이 못
먹는 것을 가지고 화를 내는 거예요. 아이도 참다못해 아빠에게 대들었
는데 남편이 분에 못 이겨 또 집을 난장판으로 만들었네요. 저랑 아이랑

집에서는 숨도 마음대로 못 쉬고 남편 눈치 보느라 너무 힘드네요. 이혼하고 아이와 함께 마음 편히 살고 싶습니다.

이혼을 앞둔 당신에게

남편의 폭행 및 폭언 등으로 오시는 분들이 이런 말씀을 하시곤 합니다. "사람은 절대 안 변한다, 날이 갈수록 더 심해진다, 점점 더 심해지더니 식칼을 들었다." 심지어 각방을 쓰면서 방에 요강을 두고 산다는 분도 몇 분 봤어요. 남편이 화나 있을 때 괜히 화장실에 갔다가 마주치면 어떻게 될지 몰라서 두려운 마음에 방에 요강을 두고 산다는 거예요. 말만 들어도 오죽했으면, 얼마나 힘드셨으면 하는 마음이 듭니다. 집은 누구에게나 마음 편히 쉴 수 있는 곳, 안전하고 편안한 곳이어야 하지 않을까요?

폭행 때문에 무서워서 화장실도 못 가는 분들을 보면 마음속에서 절로 '잘 오셨습니다. 용기 내주셔서 감사합니다', 이런 생각까지 듭니다. 폭행 습벽이 있을 경우 가능하다면 일단 집에서 나온 후에 이혼 소송을 진행하시는 것이 좋습니다.

일단 우리 의뢰인은 아이와 함께 살 집을 구하기로 했고요, 바로 가압류를 신청해서 이사 나오실 때쯤 가압류 결정이 나게끔 했습니다. 그 직후 이혼 소장을 접수하는 것으로 도움을 드리게 되었습니다.

재혼, 성공하고 싶었지만……

남편이 업소에 자주 출입한다는 사실을 알게 된 것은 몇 년 전이에요. 사실 제가 재혼이거든요. 또 실패하고 싶지 않다는 생각을 했던 것 같아요. 그래서 애써 참아보려고 했는데 점점 더 심해지더라고요.

지금 남편이 제가 전에 왜 이혼했는지 알거든요. 전남편이 외도를 하고 폭행을 하는 것 때문에 이혼했었는데 그때랑 같은 상황이 되어버렸네요. 본인은 정말 전혀 그런 사람이 아닌 것처럼 행동했는데 우연히 남편의 휴대전화를 보고 얼마나 배신감을 느꼈는지……. 꾸역꾸역 참았는데 계속되는 거짓말에 얼마 전에는 폭행까지……. 더는 안 되겠습니다.

제가 그동안 번 돈도 다 남편에게 갖다 줬는데 성매매에 쓰고 탕진하더니 한다는 소리가 몇 천만 갖고 나가라네요. 재산 분할도 합당하게 받아야겠고, 위자료도 받아야겠습니다.

이혼을 앞둔 당신에게

상처 난 곳을 또 다친 것처럼 많이 아프고 속상하시죠. 왜 같은 실수를 또 한 것인지 자책하는 분들도 있는데요, 이런 말씀을 드리고 싶습니다. 당신 잘못이 아니에요.

"어쩌면 그때 정리를 잘하지 못하고 급히 도피했던 것은 아닌가?"

스스로 이런 말씀을 하시기도 하셨지요. 이번에는 합당하게 잘 정

리하고 온전히 홀로 서보겠다고 하셨는데요, 저희가 든든한 편이
되어드렸습니다.

의뢰인이 원하는 것은 깔끔한 이혼에 합당한 재산 분할과 위자료였
죠. 전세 계약이 남편 명의로 이루어졌고 의뢰인과 남편이 둘 다 그
집에서 나온 후 집을 내놓은 상황이었는데요, 의뢰인은 현재 집주
인 주소를 모른다고 하셨어요. 이러한 경우 가압류가 시급하기 때
문에 수임 당일 서류를 수령하여 즉시 접수하는 동시에 집주인 주
소를 알아낼 수 있는 서류를 법원에 요청하면서 빠른 진행을 도와
드렸습니다. 가압류가 되자 이 사실을 알게 된 남편이 먼저 합의 제
안을 해왔고요. 생각보다 빠르고 안전하게 이혼하고, 합당한 재산
분할을 받으며 마무리된 사례였습니다.

"남편에게 공무원 연금만큼은 나눠주고 싶지가 않아요"

 시댁 식구들과의 계속되는 갈등, 그때마다 남편이 보인 태
도에 정말 지칠 대로 지쳤어요. 혹시라도 개선의 여지가 있
을까 싶어 부부 상담을 받아보게 되었는데요, 상담 선생님도 더는 어려
울 것 같다고 하시더라고요. 상담을 통해 관계가 개선되기를 바라는 마
음으로 최선을 다하기는 하지만 더 이상의 노력이 무의미하고 당사자를
힘들게 할 뿐이라는 생각이 들 때가 분명히 있다고 하시면서요.

남편에게 이혼해야 할 것 같다고 하니 순순히 하고 싶은 대로 해주겠다고 하네요. 아마 시댁 식구들이 알고 무언가를 요구하지 않는 이상 순조롭게 끝날 것 같기도 합니다. 이참에 확실하게 마무리하고 싶어요. 중요한 건 공무원 연금을 나중에라도 이혼한 배우자가 받아갈 수 있다는데 이것만큼은 나눠주고 싶지가 않아요.

이혼을 앞둔 당신에게

시댁 식구와 어떤 일이 있었는지 몇 가지 이야기를 듣다 보니 제 마음이 다 답답하더라고요. 의뢰인들의 말씀을 듣다 보면 시댁 식구들과의 갈등보다도 남편의 태도에 더 크게 분노를 느낀다고 해요. 우리 의뢰인도 충분히 노력했지만 더 이상은 안 되겠다는 생각에 이혼을 결심했다고 하셨고요.

의뢰인이 알고 오신 대로 공무원 연금법에는 분할수급권이라는 것이 있는데요, 의뢰인은 배우자가 나중에 연금을 받을 수 있다는 것을 알고 그것만은 주고 싶지 않다고 하였으며 배우자도 수긍을 했다고 해요. 그런데 사람 마음이라는 것이 언제 바뀔지 모르고, 특히나 시댁 식구가 알면 반드시 받아가려고 할 것이라면서 확실하게 해두길 원하셨죠.

공무원 연금법에서는 이혼 당시 재산 분할에 따라 달리 정할 수 있다고 규정하고 있습니다. 이에 의뢰인의 경우에는 이혼 당시 상대방이 공무원 연금법 상의 분할수급권을 청구하지 못한다는 내용을 상세하게 정해두었습니다. 어느 정도 합의가 된 상태였고 협의이혼보다 더 확실한 방법을 원하셨기에 소송을 즉시 제기한 후 1회의 조정 기일에 양측의 의사를 확인 후 마무리해드린 사례입니다.

후기로 보는
빠른 이혼

의뢰인은 상대방과의 원만한 합의를 바탕으로 빠른 이혼을 원했습니다. 이에 2019년 7월 2일 사건을 수임하여 7월 4일 조정신청서를 접수하였으며, 약 2주 만인 7월 17일에 원하는 내용이 반영된 법원의 화해 권고 결정을 받을 수 있었습니다.

의뢰인 고○○ 님의 후기

7월의 어느 날 변호사님을 만났습니다.

처음부터 믿음이 가는 만남이었습니다.

변호사님을 만나기 직전 차갑고 딱딱하게 대하는 어떤 변호사님을 만나 마음이 무거웠는데 장 변호사님은 감사하게도 저의 이야기를 귀 기울여 잘 들어주시고, 소송 진행 중에도 진행사항을 수시로 알려주셨습니다.

어찌 그리 제 맘을 아시는지, 궁금함을 느낄 때마다 연락을 주시더라고요.

변호사님의 좋은 기운으로 잘될 것이라는 마음이 생겼습니다.

이혼을 결심하고 무겁고 답답한 마음으로 찾는 이들에게는 부드러운 포용력과 믿음이 중요하다고 생각합니다.

변호사님은 그것을 행하는 분이라 생각합니다.

빠른 이혼과 승소를 위한 체크리스트 3가지

1. 빠른 이혼 소장 접수!

일단 이혼 소장을 접수해야 소송이 진행되겠죠? 자세한 서면은 추후 얼마든지 접수해도 되므로 간략한 소장을 우선 접수하는 방법이 있습니다. 기본 서류를 첨부하면 수임 당일 또는 익일 즉시 접수가 가능합니다!

2. 화해 권고 결정 시도!

단 한 번의 기일 출석 없이도 한 달 안에 이혼이 성립된 승소 사례들의 비밀은 바로 화해 권고 결정입니다! 사안에 맞게 빠르고, 판결만큼 확실한 방법인 화해 권고 결정을 신청해보세요!

3. 조정 이혼 적극 활용!

예상 판결의 결과 분석 및 의뢰인이 원하는 바를 파악하여 조정 기일 전 미리 설득력 있는 서면을 제출하고 협상하는 과정이 필요합니다! 임의조정의 경우 성립 시 즉시 확정된다는 점에서 빠른 이혼을 원하는 의뢰인들이 선호하며, 다른 한편으로는 이의가 불가하다는 점에서 신중하고 확실한 접근이 필요합니다.

CHAPTER 5

외도 이혼은 혼쭐나게

"속 시원하게 위자료 승소해주세요"

외도를 알게 되는
단서 5가지

"배우자의 외도 사실을 알게 되었는데요, 더 확실한 증거가 필요할까요?"

외도 등 부정행위를 이유로 이혼 상담을 요청하는 의뢰인들이 많이 있다. 처음에 의심을 하게 된 계기는 배우자의 늦은 귀가나 외박, 호텔 등의 카드 사용 내역, 반복되는 거짓말, 성인 용품 소지 등이었고, 의심을 전혀 못 하다가 갑자기 알게 된 경우도 꽤 있었다.

배우자의 부정행위 사실을 확실히 알게 되는 단서를 다섯 가지로 정리해봤다.

첫째, 배우자의 휴대전화에서 상간자와 주고받은 메시지를 보고 알게 되는 경우가 가장 많다. 배우자가 본인의 휴대전화에 저장해둔 상간자와의 사진이나 영상을 보고 알게 되는 경우도 꽤 있다.

둘째, 배우자의 차량 블랙박스를 확인해본 후 알게 되는 경우도 상당히 많다.

셋째, 상간자가 직접 찾아오거나 전화를 하는 경우도 있다. 배우자와 사이가 안 좋아지자 앙갚음을 하려고 폭로하는 경우다.

넷째, 반대로 배우자가 직접 실토하는 경우도 있다. 의심을 받자 어쩔수 없이 사과하는 과정에서 시인하는 경우도 있고, 오히려 뜻대로 되지 않는 상간자에게 복수를 하고자 폭로하는 경우도 있다.

다섯째, 배우자와 전화통화를 하다 배우자가 이미 전화가 끊긴 것으로 알고 상간자와 이야기를 나누다 대화 내용이 발각되는 경우도 종종 있다.

위와 같은 단서를 통해 배우자의 외도 사실을 알게 된 후 증거를 더 확보하기도 한다. 만일 스스로 증거를 확보하려 한다면 형사상 범죄가 되지 않도록 유의해야 하고, 위자료를 인정받기에 충분한 증거인지 검토할 필요가 있다.

의뢰인들이 상담을 하면서 가장 궁금해하는 점은 이혼 및 위자료 청구가 가능한지 여부다. 이는 배우자에 대한 위자료 청구인지 또는 상간자에 대한 위자료 청구인지에 따라 달라질 수 있다. 일단 배우자에 대해서는 부정행위 증거가 있다면 위자료가 인정된다. 상간자에 대한 위자료 청구의 경우에는 부정행위 증거뿐만 아니라 상간자의 인적 사항이 특정되어야 하며, 유부남 혹은 유부녀라는 것을 인식했어야 하는 등의 요건이 필요하다. 이혼 소송 제기 전에 충분한 증거를 확보하는 것이 가장 좋겠지만, 경우에 따라서는 소송 제기를 하면서 법원에 추가로 증거를 신청하기도 한다.

예를 들어 소송과 별도로 법원에 증거 보전 신청을 하여 부정행위 관련 CCTV를 확보하는 경우, 소송에서 상대방의 계좌 내역이나 카드 사용내역을 조회하는 경우, 기타 필요한 경우 출입국 조회나 각종 사실 조회 등을 하기도 하며 증인 신문을 진행하기도 한다. 법원을 통해 증거를 확보할 경우에는 소송의 진행 단계에 따라 유리한 증거 신청이 필요하다.

외도한 배우자를 상대로
확실하게 승소하는 법

"아내의 외도를 알게 되었습니다. 위자료, 재산 분할, 양육권 모두 이겨주세요."

사례 아내와 주말부부로 생활한 지도 이제 1년이 다 되어가요. 날마다 출퇴근을 하기에는 애매하게 먼 거리라서 저는 회사 근처에 살고 있었거든요. 금요일 저녁에는 집으로 퇴근해서 주말 동안 집에서 보냈고요. 그런데 아내가 언제부턴가 금요일마다 저보고 아이들을 보라고 하고 새벽에 들어오더라고요. 처음에는 평소 힘들어서 스트레스를 푼다고만 생각했는데 아무래도 이상한 느낌이 들더라고요. 그러던 중 만나는 남자가 있다는 것을 알게 되었어요.

얼마 후 이사를 가게 되었는데 아내가 집을 자기 명의로 해달라고 하더라고요. 저는 사실 불안합니다. 외도는 아내가 했는데 본인이 먼저 이혼까지 생각하는 게 아닌가 싶기도 하고, 재산을 아내 명의로 해줘도 되나 싶기도 하고, 모든 것이 의심스러워요. 일찍 들어오라고 몇 번을 말해도 새벽에 들어오는 상황이 계속되는데 외도 사실까지 알고 신뢰가 깨진 이상 같이 살지는 못할 것 같아요. 제가 이혼 청구를 하려고 합니다.

아내의 외도 때문에 이혼하는 거니까 위자료, 재산 분할, 양육권 다 이기고 싶어요.

의뢰인은 아내의 외도 사실을 알고 충격을 많이 받은 상태였다. 부정행위에 관한 명확한 증거를 갖고 있지는 않았지만, 증거 확보 및 양육에 대한 의지가 강했다.

일단 필자의 조언에 따라 필요한 외도 증거를 확실하게 확보했고, 그 과정에서 상대방이 압박을 많이 받아 빠르고 합당하게 마무리를 할 수 있었다. 외도 증거를 확보함에 있어서는 형사상 범죄가 되지 않도록 유의해야 한다. 우리 의뢰인도 충격을 많이 받은 나머지 형사상 범죄가 되든 말든 중요하지 않다고 했지만, 다행히도 형사상 범죄를 피해가면서 확실한 증거를 확보했다.

양육권과 관련하여 유의할 점은 상대방이 외도했다는 사실만으로 무조건 양육권을 가져올 수 있다고 생각해서는 안 된다는 것이다. 이혼 사유 관련 유책성과 양육자 지정은 별개의 관점으로 판단하기 때문이다.

위 의뢰인의 경우 아내가 주로 아이들을 양육해왔고 의뢰인은 주중 다른 곳에서 지냈다는 점 등이 불리한 부분이었지만 양육에 대한 확신, 의지, 계획이 분명했다. 특히 아내가 외도를 하면서 양육에도 소홀했다는 정황이 있었기 때문에 양육권 부분도 도와드리기로 했다. 의뢰인이 아이들을 직접 양육하면서 가정환경을 안정시킬 계획을 구체적으로 세웠으며, 상대방이 외도로 인해 양육에도 소홀했던 점을 부각시켰기에 빠르게 상대방의 양보를 이끌어낼 수 있었다.

마음이 아프고 힘든 상황일수록 평정심을 유지하고 차분하게 준비할 필요가 있다.

외도에 대한 상간자 위자료 청구 시 체크리스트 5가지

"내 남편이 어떻게 나한테 이럴 수 있는지, 너무 화가 나요."

배우자의 외도를 알고 찾아오는 분들을 보면 며칠간 잠을 한숨도 못 잔 분, 밥도 못 먹는 분, 갑자기 체중이 감소한 분, 우울증을 겪는 분들이 꽤 많다. 고민 끝에 이혼 및 상간자 위자료 소송을 통해 합당한 결과를 얻어 조금이나마 억울한 마음을 해소하고자 필자를 찾는 것이다. 이혼 소송은 하지 않고, 상간자 소송만 제기하면서 배우자와 상간자의 관계 가 단절되는 결과만 얻고자 하는 경우도 있다.

다만 유의할 점은 억울한 마음에 위자료 청구를 한다면 반드시 승소하는 방법으로 해야 한다는 것이다. 따라서 상간자에 대해 위자료 청구를 할 경우 아래의 요건을 미리 체크해볼 것을 권한다.

첫째, 상간자의 인적 사항이 법률적으로 특정되어야 한다. 예를 들어 남편과 상간녀의 불륜 현장을 포착하고 사진을 찍었다고 하더라도 얼굴로 상간녀가 특정되는 것은 아니다. 이러한 경우 다른 정보를 통해 인적 사항을 확보해야 한다. 그래야만 상간녀에게 소장이 송달되고 상간녀를 상대로 한 위자료 소송이 본격적으로 시작될 수 있다.

보통 상간녀나 상간남의 이름과 휴대전화 번호 등을 알고 상담을 하러 온다. 느낌이 이상해서 배우자의 휴대전화를 봤더니 날마다 애정 표현을 주고받는 애인이 따로 있었던 것을 알게 되는 식이다. 휴대전화 번호가 상간자 본인의 명의라면 법원을 통해 사실 조회를 하여 주소 및 주민등록번호를 알아낼 수 있다. 또 기타 정보를 갖고 있다면 특정이 가능할지 여부에 관하여 전문 변호사의 상담을 받아보는 것이 좋다.

둘째, 부정행위 증거가 있어야 한다. 부정행위를 증명할 증거가 반드시 있어야 한다. 간통보다는 부정행위가 넓은 개념이므로 반드시 성관계를 증명해야만 위자료가 인정되는 것은 아니다.

실제 소송에서 많이 쓰이는 증거로는 '배우자와 상간자 사이의 카카오톡이나 문자 내용 캡처', '단둘이 신체 접촉을 하고 있는 사진이나 여행을 간 증거', '의뢰인이 상간자와 통화를 하면서 상간자가 부정행위 한 사실을 시인하는 내용을 녹음한 파일' 등이 있다. 법원을 통해 추가로 모텔이나 상간자 집에 같이 드나드는 영상이 담긴 CCTV를 확보하거나 신용

카드 내역을 조회하는 등 다양한 증거를 확보하기도 한다.

셋째, 형사상 범죄에 유의해야 한다. 피해자인 의뢰인이 오히려 형사상 가해자가 되어버리면 과연 위자료 소송에서 승소한다고 한들 진정한 승소라고 할 수 있을까? 그래서 필자는 의뢰인들에게 형사상 범죄를 피하고 필요·충분조건을 갖춘 증거를 확보하는 방법을 권하곤 한다.

예를 들어 상간자와 배우자가 있는 상간자의 집이나 호텔 방에 강제로 침입해서 사진을 찍는 행동은 오히려 주거 침입 등 형사상 범죄가 될 수 있다. 그저 집이나 호텔에 들어가고 나오는 사진으로도 충분하므로 무리하게 증거를 확보하려 애쓸 필요 없다.

한편 증거 확보를 떠나 상간자와 배우자가 같은 회사의 동료일 경우 직접 찾아가 외도 사실을 밝히고 망신을 주는 식의 행동은 명예훼손 등 형사 범죄가 될 수 있다. 그보다는 회사에 각종 사실 조회를 하거나 소장을 보내는 방법 또는 급여를 가압류하는 방법 등을 통해 압박을 가할 수 있다.

넷째, 상간자가 유부남 또는 유부녀라는 사실을 인식했어야 한다. 상간자를 상대로 위자료 청구를 하는 입장이라면 유부남 또는 유부녀라는 사실을 인식하고 있었다는 사실에 관한 증거가 필요하다. 전후 정황상 상간자가 알 수밖에 없었다는 사정을 적시하거나, 상간자와 배우자의 대화 등에서 증거를 확보하거나, 상간자가 스스로 인정하는 내용을 녹음하여 제출하는 경우도 꽤 있다.

다섯째, 혼인 파탄 시점 이전에 부정행위 증거가 있어야 한다. 예를 들어 배우자와 이혼을 한 후 상간자 위자료 청구를 하는 경우 상간자가 주장할 수 있는 것 중의 하나가 이미 이혼을 한 후에 만났다는 것이다. 따라서 이혼 전에 배우자가 부정행위 하는 사실을 알았고 상간자를 상대로 위자료 청구 소송을 하고 싶다면 일단 이혼부터 할 것이 아니라 이혼 전에 증거를 확보할 필요가 있다.

지금까지 설명한 다섯 가지 사항을 체크하여 반드시 승소하는 방법으로 합당한 결과를 얻도록 준비하는 지혜가 필요하다.

오리발 내미는 배우자,
어떻게 혼내줄까?

"우연히 남편의 카카오톡 메시지를 보고 외도하고 있다는 사실을 알게 되었어요. 미처 캡처를 못 했는데 오리발에 적반하장이에요. 너무 억울한데 어떻게 하죠?"

의뢰인이 어느 날 우연히 남편의 카카오톡을 보게 되었는데 지난 대화 내용은 지워져 있고, 웬 여자가 아침에 "굿모닝"이라고 메시지를 보낸 것이 있었다. 처음에는 별 생각 없이 카톡 왔다고 알려줬는데 남편이 갑자기 당황하며 어물쩍 넘어가려고 했다. 그러더니 퇴근을 해서는 아침에 거래처 직원이 잘못 보낸 거라며 굳이 카톡 내용을 보여주는 것이었다. 내용을 보니 "굿모닝"이라는 말에 남편이 "잘못 보내셨습니다"라고 답변하자 상대방이 "아, 네. 죄송합니다"라고 말하는 것이었다. 그런데 다시 살펴보니 "굿모닝"이라는 카톡을 보낸 시간이 아침에 본 시간과 달랐다.

의문에 의문이 꼬리를 무는 상황에서 남편은 갖은 변명을 늘어놓더니 급기야 오히려 화를 내기 시작했다. "네가 무슨 의부증 환자처럼 괜한 오해를 하니까 해명을 하려다가 이런 것까지 하게 된 것 아니냐, 더 이상 이것 가지고 왈가왈부하지 마"라고 하는 것이었다.

의뢰인은 그럼 통화 내역이든 카톡 메시지든 다 복구해서 내놓으라고 했지만 남편은 응하지 않았다. 결국 남편의 적반하장 태도가 화를 불러일으켰고, 의뢰인은 바보 취급을 당한다는 생각이 들어서 그냥 넘어가서는 안 되겠다고 결심했다.

의뢰인은 일단 상간녀를 상대로 위자료 청구 소송을 제기하고 싶다고 했다. 다만 상간녀를 상대로 위자료 청구 소송을 제기하려면 무엇보다 부정행위 증거가 있어야 했다. 아직 부정행위 관련 증거 자체가 없기 때문에 증거를 확보하기로 했다.

증거 확보에 있어 유의할 점은 형사상 범죄를 피해야 하고, 증거가 부정행위를 인정하기에 충분해야 한다는 것이다. 흔히 확보하는 증거로는 배우자와 상간자가 함께 스킨십 등 애정 행각을 하고 있는 사진이나 영상, 나아가 호텔이나 상대방의 집에 출입하는 사진 등이 있다.

의뢰인은 결국 남편과 상간녀의 애정 행각 영상을 다수 확보하게 되었다. 또한 남편의 휴대전화를 통해 상간녀의 인적 사항을 확보할 수 있었다. 상간녀에게 전화를 하여 상간녀가 이미 남편이 유부남임을 인식하고 있다는 사실을 확실히 알게 되었고 이를 녹음하여 증거로 남길 수 있었다.

이후 의뢰인은 소장을 접수했고, 상간녀는 도저히 부인할 수 없는 상황에 이르자 빠르게 사실을 인정해 결국 의뢰인이 원하는 바대로 빠르게 위자료를 받고 마무리할 수 있었다. 그제야 남편이 무조건 미안하다고 연신 사과를 하며 다른 모습을 보이고 있어 의뢰인은 한번 용서할지 여부를 고민하고 있다.

상간자를 상대로 위자료 청구 소송을 하는 경우 소송 제기 이후에는 상대방도 주의하기 때문에 증거를 확보하기 어려울 수 있다. 따라서 무턱대고 소송을 제기하지 말고 미리 준비할 필요가 있다.

상간자가 유부남이나
유부녀라면 특히 조심하라

"이혼하지 않고 일단 상간녀·상간남을 상대로 위자료 청구 소송
을 하는 것만도 가능한가요?"

배우자의 외도 사실을 알게 된 후 이혼 및 상간녀·상간남 위자료 청구
소송을 같이 진행하는 경우가 많다. 다만 자녀들을 생각해서 이혼이 망
설여지는 경우라든지, 배우자에 대한 애정이 남아 있어 가정으로 돌아
오길 바라는 경우, 또는 경제적인 이유 등으로 이혼을 고민하는 경우도
꽤 있다. 이러한 경우 배우자와 부정행위를 한 사람인 상간녀·상간남만
을 상대로 위자료 청구가 가능할까?

결론부터 말하면 가능하다. 일단 상간녀·상간남 위자료 청구 소송을 제기한 후 배우자의 태도를 보고 이혼까지 가는 경우도 있고, 반대로 배우자가 소송에도 협조하고 확실히 부정한 관계를 정리하는 경우에는 부부 사이가 회복되기도 한다.

상담을 하다 보면 의뢰인들이 배우자의 외도 사실을 어떻게 알게 되었는지에 관하여 이야기를 하곤 한다. 그중 휴대전화를 보고 아는 경우가 가장 많은데, 상간녀가 먼저 연락을 해서 알게 되는 경우도 종종 있다.

의뢰인 A는 어느 날 어떤 여성에게서 전화를 받게 되었는데 알고 보니 수년간 남편과 부정행위를 한 상간녀였고, 남편과 있었던 일을 모두 폭로했다고 한다. 의뢰인이 하는 말이, 차라리 자세히 몰랐으면 그냥 넘어갔을 텐데 전화를 받고 그간의 이야기를 세세하게 다 들으니 몸이 부르르 떨리고 말이 안 나왔다고 한다.

의뢰인은 이혼 생각도 들었지만 남편이 상간녀와의 관계를 정리하려던 중 오히려 협박당하여 여기까지 오게 되었다고 하며 그간의 사실을 모두 말하고 관련 증거도 줬다. 그래서 일단 이혼 소송은 제기하지 않고, 상간녀를 상대로 위자료 청구 소송만을 제기하여 3,000만 원 및 지연 이자까지 승소한 사례다. 얼마를 받는다고 한들 억울함이 풀리지는 않겠지만 보통 이혼하지 않고 상간녀 위자료 소송만을 제기할 경우 인정되는 액수에 비해서는 고액을 인정받았다. 같은 사안이라 하더라도 부정행위 기간, 횟수, 상간녀의 태도 등 유리한 점을 재판부에 어떻게 잘 전달할 것인가에 관한 전략이 필요하다.

한편 상간자에게 배우자가 있을 경우에는 그 배우자도 의뢰인의 배우자를 상대로 상간자 위자료 청구 소송을 제기할 수 있다는 점을 유념해야 한다. 혼인 관계를 유지하다 보면 경제공동체이다 보니 배우자가 배상하게 되면 결국 의뢰인도 경제적인 부담을 떠안게 되기 때문이다. 설령 서로 똑같은 액수를 배상하게 되어 경제적으로는 전혀 이익이 없다고 하더라도 억울한 마음을 해소하고 상간자의 잘못을 분명히 해두기 위해 소송을 제기하겠다는 분들도 많기는 하다.

그렇다면 반드시 서로 똑같은 액수를 배상하게 될까? 결론부터 말하면 그렇지만은 않다.

어떤 의뢰인은 아내의 외도 사실을 알고 이혼은 하지 않고 상간남 위자료 청구 소송만을 제기하였고, 상간남이 소장을 받고도 전혀 대응을 하지 않아 의뢰인이 청구한 액수 그대로 승소했다. 나중에 상간남의 배우자가 의뢰인의 아내를 상대로 상간녀 위자료 청구를 하긴 했지만 대응을 잘해서 액수를 감액할 수 있었다. 즉, 소송에서는 대응을 어떻게 하는지에 따라 결과가 달라질 수 있는 것이다.

또 다른 의뢰인은 상간녀 소송을 제기한 결과 승소해 일정 액수를 받았다. 추후 상간녀의 배우자가 의뢰인의 남편을 상대로 상간남 위자료 청구 소송을 제기하였지만 방어를 잘해서 전부 기각되었다. 의뢰인의 남편은 상대방이 유부녀인 줄 몰랐기 때문이다. 위에서 말한 두 가지 사례가 언뜻 동일한 사안으로 보여도 별개의 소송이다 보니 어떤 전략을 펼치는지에 따라 전혀 다른 결과가 나올 수 있는 것이다.

아무리 억울해도
불법은 피하라

"억울해요. 상대방이 잘못했다는 것을 분명히 짚어주고 싶어
요."

"할 수 있는 것이 위자료 청구밖에 없는 것 같아요. 합당한 액수
를 받고 싶습니다."

의뢰인들과 상담을 진행하다 보면 배우자의 외도가 주는 상처가 정말
상당하다는 것을 새삼 느끼곤 한다. 상간녀나 상간남을 상대로 위자료
청구 소송을 제기할 경우 당연히 결과에서는 승소를 하고, 과정에서는
원하는 바가 충분히 반영되는 것이 중요하다. 다만 상간자에 대한 위자

료 청구 승소와 별개로 안타까운 것은 간혹 형사 문제에 휘말리게 되는 경우가 있다는 것이다. 배우자의 외도에 대한 억울함을 풀기 위해 소송을 하는 것인데 더 억울한 일을 당하는 일은 없어야 하지 않을까?

안전하게 승소하는 것만큼이나 스스로를 보호하는 것도 중요하다는 사실을 명심하기 바란다. 우선 증거를 수집하는 과정에서 형사상 문제가 발생할 수 있다. 예를 들어 배우자 몰래 녹음기를 설치한 후 배우자와 상간자의 대화 녹음파일을 확보하려는 경우가 있는데 비공개된 타인 간의 대화를 녹음하는 것은 형사상 범죄에 해당하므로 선불리 증거로 제출했다가는 형사 고소를 당할 수 있으니 유의해야 한다.

다음으로, 외도 사실을 알고 화가 나 배우자 또는 상간자를 찾아가거나 주위 사람들에게 알리는 과정에서 형사상 문제가 되는 경우가 꽤 있다. 배우자나 상간자의 회사에 찾아가 다른 사람들 앞에서 외도 사실을 폭로하거나 욕설을 하는 경우에는 명예훼손 또는 모욕죄 등으로 형사상 벌금형 등에 처해질 수 있다. 또한 격분하여 폭행을 한 경우에는 폭행죄 또는 상해죄 등의 문제가 생긴다. 나아가 배우자가 상간자에게 각종 선물과 금전적인 지원을 한 것을 알고 상간자의 물건을 갖고 와 버리거나 지속적으로 금전을 내놓을 것을 요구하는 경우에는 절도나 공갈죄 등이 문제되기도 한다. 위자료 청구 소송은 안전하게 승소하되, 형사상 범죄를 유의하고 스스로를 보호할 것을 다시 한 번 권한다.

"상간남 위자료 청구 소장을
받았는데 어떡하죠?"

상간남 위자료 청구 소장을 받은 경우 의뢰인이 원하는 바는 크게 세 가지로 나뉜다. 바로 전부 기각을 원하는 경우, 일부 감액을 원하는 경우, 상대방이 원하는 금액을 주고 빠르고 안전하게 끝내기를 원하는 경우다.

피고 입장에서 전부 기각으로 승소한 대표적인 사례는 부정행위로 보기에는 부족한 경우, 유부남 또는 유부녀임을 인식하지 못한 경우, 혼인 파탄에 인과관계가 없는 경우 등이다. 한편 빠르고 안전한 마무리를 원하는 경우에는 소장을 받기도 전에 적절한 금액을 지급하고, 합의서 등을 작성하는 방법으로 마무리하기도 한다.

"저보고 상간남이래요. 억울해요!"

　의뢰인 A는 전부터 알고 지내던 이성 친구가 결혼을 한 이후에도 종종 만난 적이 있었다. 특히 주말부부로 지내던 그 친구가 첫째 아이에 이어 둘째 아이를 임신하고 나서 생필품을 사다 달라고 부탁해 한두 번 사다 준 적이 있는데 그것으로 인해 오해가 생겼다. 그러다 급기야 상간남 위자료로 2,000만 원을 배상하라는 소장을 받게 되었다.

　원고는 의뢰인이 집에 들어와서 아내와 몇 시간 동안 같이 있었다는 증거를 첨부하여 위자료를 청구한 상황이었고, 의뢰인도 집에 들어갔다는 사실은 인정했다. 다만 도움을 주기 위해 갔을 뿐이고, 오해할 만한 일은 없었다고 했다. 의뢰인의 말을 들어보니 다소 억울한 부분이 있어 전부 기각을 주장했다.

　재판부는 의뢰인의 주장을 받아들여 "피고가 원고의 허락 없이 ○○○의 허락만을 받은 채 원고의 집에 들어가 수 시간 동안 머문 사실은 인정되나, 불법 행위에 이를 정도의 부정한 행위가 있었다고 보기에는 부족하다"고 보아 원고의 청구를 전부 기각했다.

"상간남 위자료 청구 소장을 받았습니다. 일부 인정하는 부분이 있어 빠르게 마무리하고 싶습니다. 어떻게 하면 될까요?"

　의뢰인 B는 어떤 여성과 연인처럼 지냈는데 이 사실을 아내가 알게 되었다. 아내는 상간녀를 상대로 위자료 청구 소송을 진행하여 1,500만 원을 지급하라는 승소 판결을 받았다. 이후 그 여성의 남편 역시 의뢰인에게 같은 금액인 1,500만 원을 지급하라는 상간남 위자료 청구 소송을 제기했다.

의뢰인은 본인의 아내도 상간녀 위자료 소송에서 승소했으니 자신도 위자료를 줘야만 하는 줄 알았다. 그러나 상담을 받아본 결과, 본인은 그 여성이 유부녀인 줄 몰랐던 점에서 다를 수 있다는 것을 알게 되었고 전부 기각을 주장했다.

재판부는 "피고가 원고의 배우자인 ○○○이 유부녀인 사실을 알면서도 부정행위로 나아갔음을 인정하기에 부족하다"는 이유로 원고의 청구를 전부 기각했다.

이처럼 상간자 소장을 받은 피고 입장이라면 원하는 바와 사안에 맞게 신중히 접근하는 자세가 필요하다. 한편 상간남 또는 상간녀 위자료 청구를 준비하는 원고라면 피고의 기각 주장을 예상하고 미리 무력화할 준비를 해야 한다.

증거 부족으로
위자료 청구가 기각된 사례

"상간녀 또는 상간남 위자료 청구 소장을 받은 경우 전부 기각
시키려면 어떻게 대응해야 할까요?"

　지피지기면 백전백승이라고 원고 입장에서 기각을 면하는 법은, 피고
입장에서는 전부 기각시키는 법이기도 하다. 피고 입장에서 원고의 청
구를 기각시키며 전부 승소하는 경우는 '부정행위 증거가 부족한 경우',
'유부남 또는 유부녀라는 사실을 인식하지 못한 경우', '이미 혼인 관계가
파탄된 이후 만난 경우' 등이 있다. 그중 증거 부족을 이유로 기각된 사
례 두 가지만 소개하려고 한다.

의뢰인 A는 상간남 위자료 청구 소장을 받고 대응을 의뢰했다. 상대방인 원고는 원고의 배우자에게 이혼 및 위자료 청구 소송을 제기하여 이미 위자료 청구도 승소한 상황이었다. 원고는 각종 증거와 위 판결문 등을 제출하면서 피고(의뢰인)에 대한 위자료도 당연히 인정되어야 한다는 입장이었다. 그러나 의뢰인의 말을 들어보니 원고의 배우자에게 일방적으로 애정 표현을 들은 적이 있을 뿐 직장 동료 사이 이상은 아니었다.

의뢰인은 심정적으로 억울함을 호소하였고, 직업상 위자료가 일부라도 인정이 되면 피해를 입을 것을 우려하고 있었다. 이에 의뢰인의 입장을 충분히 반영한 서면을 작성하여 제출하는 동시에 관련자인 제3자를 증인으로 신청하여 증인 신문을 진행하는 등 최선을 다했다. 재판부는 "원고 배우자와 의뢰인이 친밀한 관계를 유지하였고, 이로 인해 혼인 관계가 파탄에 이르렀다고 하더라도 직장 동료로서 친밀하게 지낸 것만으로는 불법행위 책임을 인정할 정도의 위법성 있는 행위라고 볼 수 없고, 그 외에 부정행위를 인정할 만한 증거가 없다"는 이유로 원고의 청구를 기각하여 의뢰인이 전부 승소할 수 있었다.

한편 의뢰인 B는 원고에게 주거 침입으로 이미 형사 고소를 당하여 기소유예 처분을 받은 상황이었고(범죄 혐의는 인정되나 정상을 참작하여 기소하지 아니함), 이후 상간남 위자료 청구 소장을 받게 되었다. 의뢰인은 원고가 관련 증거를 갖고 있고, 형사 사건도 진행된 상황에서 원고의 집에 들어가 몇 시간 머문 사실은 인정했다. 원고는 유부녀가 혼자 있는 집에 들어가 머무른 것은 명백한 부정행위이자 불법행위라고 주장했다. 이에 의뢰인은 당시 집에 들어간 것이 부정행위를 하기 위함이 아니었다는 점을 설명하기 위해 왜 집에 들어간 것인지에 대한 경위를 상세히 서면으로 구성하여 제출했다. 결론은 원고의 청구가 기각되어 의뢰인이 전부 승소했다.

승소 사례로 보는
상간자 소송

남편 간수 좀 잘하라는 상간녀

당신의 이야기 어느 날 걸려온 낯선 여자의 전화. 그 여자는 제 남편의 상간녀였고 남편과의 외도 사실을 모두 폭로했는데요, 그때 받은 충격은 말로 표현 못 합니다. 너무 당황해서 아무 말도 못 하다가 겨우 정신을 차려서 지금 우리 남편과 외도를 해놓고 무슨 이유로 전화를 한 것이냐고 했더니 남편 간수를 제대로 못 하니 이런 일이 벌어지는 거라면서 끊더라고요.

아무것도 몰랐으면 모를까, 모든 걸 알고서 가만히 있자니 너무나 괴

로웠어요. 당시 간통죄로 고소했지만 위헌 결정이 나는 바람에 상간녀는 형사 처벌도 면했어요. 너무 억울합니다. 남편 말에 의하면 최근 상간녀와 사이가 멀어지면서 앙심을 품고 전화를 한 것 같다네요.

남편과의 이혼은 일단 보류하고요, 상간녀 소송을 진행하고 싶습니다. 상대방이 보통이 아니라서 다 부인할 것 같아요. 이혼 안 하면서 상간녀 위자료 청구 소송만 제기하면 위자료를 별로 못 받는다는데 저 승소할 수 있을까요?

이혼을 앞둔 당신에게

어떻게 이럴 수가 있는지……. 배신감, 억울함에 많이 지치시죠? 배우자의 외도 사실을 알고 상담 요청을 하시는 경우가 정말 많이 있는데요, 이혼과 상간녀 위자료 청구 소송을 같이 진행하시는 경우가 많고 이혼은 하지 않고 상간녀 위자료 청구 소송만 하는 경우도 있습니다.

의뢰인은 상간녀의 존재를 안 이후 마시지도 못하던 술에 의존하며 마음이 많이 지쳐 있었습니다. 간통죄로 고소했지만 형사 조정 당일 오히려 의뢰인의 탓으로 돌리던 상간녀를 생각하면 지금도 속이 답답하고 화가 치밀어 오른다고 했어요. 간통죄가 폐지되는 바람에 형사 건이 형식적으로 종결되었으니 얼마나 억울하셨겠어요. 안 좋은 생각도 해봤지만 위자료를 받는 것밖에는 방법이 없겠다 싶어 찾아오셨다고 했습니다.

저는 바로 수임하여 상간녀 위자료 청구 소송을 진행해드렸습니다. 상대방은 역시나 부인하고 의뢰인의 탓으로 돌렸지만, 우리가 구성한 서면과 증거에 비추어 상대방의 태도는 오히려 위자료를 높이는 결과를 초래했을 뿐입니다. 이혼을 하지 않고 상간녀를 상대로 위자료 청구 소송만을 제기하면서 의뢰인이 당초 예상했던 1천만 원 내지 2천만 원보다 높은 금액인 3천만 원 및 외도 발각 당시부터의 지연 이자가 붙은 승소 판결을 받은 사례였습니다.

의뢰인은 법원을 통해서라도 상대방의 잘못을 인정받아 그래도 억울함이 풀렸다고 했습니다. 상간녀로 인해 받은 고통에서 완전히 벗어나실 수는 없겠지만 그래도 더 이상 안 좋은 생각 안 들고, 감사하다고 하시니 저도 정말 고마운 마음뿐이었습니다.

적반하장도 유분수인 상간남

당신의 이야기 왜 직감이란 것이 있잖아요. 아내가 뭔가를 숨기는 것 같더라고요. 그래서 몰래 휴대전화를 봤더니 웬 남자랑 거의 매일 카톡을 주고받았더라고요. 어떻게 할까 고민하다가 아내에게 어떻게 된 거냐고 물어봤어요. 그러자 운동을 하다가 만나게 된 남자인데 다시는 안 만나겠다고 하더라고요.

아이들도 있고 해서 아내를 믿어보기로 했는데 뭔가 낌새가 이상한 거예요. 그래서 블랙박스 영상을 확인했더니 그 후로도 계속 만나고 있었더라고요. 화가 난 저는 아내의 휴대전화로 상간남의 번호를 확인하고 전화를 했는데 뜻밖의 반응에 너무 놀랐습니다. 대뜸 이혼하라고 하더라고요. 더 어이없는 것은 본인은 자신의 처와 이혼할 생각이 없다고 하더라고요.

도대체 제 아내는 이런 남자라는 것을 알고 만난 건지……. 어떻게 해야 할지 고민을 많이 했는데요, 신뢰도 완전히 깨져버렸고 아내랑 같이 살 수는 없을 것 같아요. 상간남에게도 위자료 청구를 하고 싶습니다.

이혼을 앞둔 당신에게

아무래도 외도를 이유로 이혼 상담을 요청하는 분들이 많이 있는데요, 아내의 외도를 알고 찾아온 우리 의뢰인도 담담하게 말씀하시긴 했지만 극심한 고통을 겪고 있다는 것을 느낄 수 있었습니다.

상간남 위자료 청구만 할까, 아내와 이혼까지 할까, 고민을 많이 했지만 신뢰가 깨져서 더 이상은 같이 못 살 것 같다고 했습니다. 그리고 상간남 위자료, 아내와의 이혼, 양육권을 원했습니다.

일단 상간남 위자료의 경우에는 증거가 중요합니다. 다행히 이 의뢰인은 상간남과의 전화통화 녹음, 블랙박스 영상을 갖고 왔기 때문에 증거가 이미 확보된 상황이었습니다.

결과적으로 상간남 위자료 청구소송에서 승소를 했습니다. 아내분은 상간남과의 관계가 단절되고 다시 돌아오고자 했지만 의뢰인이 신뢰가 깨졌다면서 결국 이혼을 선택했고, 원하는 바대로 친권 및 양육권을 확보한 사례였습니다.

회사 동료와 바람이 나 살림까지 차린 남편

당신의 이야기 남편이 일하면서 알게 된 여자 이야기를 한두 번 하더라고 요. 그냥 그런가 보다 했는데, 어느 날 그 여자가 집을 구해 줄 테니 같이 살자고 했다는 거예요. 너무 어이가 없어서 이게 도대체 무슨 소린가 싶더라고요. 그래서 그런 이상한 사람과는 말도 섞지 말고 딱 잘라라, 그리고 나한테 그런 이야기도 하지 말라고 했어요. 그런데 얼마 지나지 않아 남편이 짐을 싸서 집을 나가버렸어요.

무슨 드라마에나 나올 법한 상황이 제게 일어났다는 사실이 도저히 믿기지가 않고 충격이 너무 심해서 잠시 안 좋은 생각도 했지만 이제 마음을 다잡았어요.

상간녀 이름하고 남편과 같이 있는 사진밖에는 자료가 없는데 소송이 가능할까요? 이혼 및 상간자 소송으로 확실하게 정리하고 싶습니다.

이혼을 앞둔 당신에게

의뢰인의 마음이 얼마나 괴롭고 힘들었을지 이해가 되면서 정말 도와드리고 싶다는 생각에 바로 진행을 하게 되었습니다. 의뢰인은 증거를 확보하는 과정에서 남편이 상간녀와 함께 집을 구해 살림을 차렸다는 사실을 알게 되어 한 번 더 충격을 받았습니다.

상간녀 위자료 청구소송을 하려면 명확한 증거가 필요하고, 상간녀가 특정이 되어야 합니다. 특정이 된다는 것은 이름과 주민등록번호 등을 알아야 한다는 것인데요, 당시 이름과 얼굴만 아는 단계였기 때문에 일단 상간녀를 특정하는 일부터 도와드렸습니다.

이후 상간녀가 다니는 회사의 급여 채권을 가압류했고, 상간녀의 주소가 상간녀의 부모님이 사는 집으로 되어 있어서 거기로 소장을 보냈습니다. 처음에 인적 사항조차 특정되어 있지 않았던 사안인지라 쉬운 사건이라고 볼 수는 없었지만, 의뢰인이 원하는 대로 사건을 풀어나가 합당한 마무리를 도와드린 사례입니다.

남편의 상간녀가 한두 명이 아니라니!

 어느 날 집에 한 여자가 찾아왔어요. 그러면서 하는 말이 본인이 제 남편과 만나고 있다고 하더라고요. 처음에는 이게 무슨 소리인가 싶었죠. 그런데 본인 말고도 남편이 만나는 여자가 더 있다는 사실을 알고 이건 아니다 싶어 저에게 진실을 알려주고자 찾아왔다는 거예요. 당시 남편도 집에 있었는데 난리가 나서 소리를 치고……. 제가 112에 신고를 하고 경찰이 오고 나서야 진정이 되었어요.

이런 일이 일어나기도 하나요? 남편에게 상간녀가 있다는 사실도 놀라운데, 그 상간녀가 남편에게 또 다른 여자가 생겼다면서 폭로를 하러 오다니, 마치 악몽을 꾼 것 같아요. 폭로한 상간녀를 상대로 위자료 소송을 하고 싶습니다.

이혼을 앞둔 당신에게

얼마나 놀라고 충격을 받으셨을지 상상이 되었습니다. 일단 당시 112 신고도 하였고, 일부 녹음해둔 파일도 있어서 바로 소송에 들어갔습니다.

의뢰인은 충격적인 사실에 많이 힘들어하였지만, 한편으로는 까맣게 몰랐던 것이 더 억울하다는 이야기도 했습니다. 바람피우는 것은 안 고쳐진다던데, 한 번에 여러 명과 바람피울 정도라면 차라리 빨리 안 게 다행이라면서 신속하게 정리하고 싶다고 했습니다. 요청하신 바대로 빠르게 진행해 이혼 및 위자료에 승소한 사례입니다.

후기로 보는
외도 이혼

의뢰인은 남편의 외도를 알고 극심한 충격을 받아 이혼을 결심했고, 재산 분할에서 판결로 가는 것보다 훨씬 유리한 결과를 이끌어내며 협의 이혼으로 빠르게 마무리했습니다. 또한 상간녀 소송을 진행하자 남편이 재산을 더 양보하여 소송은 취하하고 합리적인 재산 분할로 마무리를 했습니다.

의뢰인 백 ○○ 님의 후기

평소 술을 좋아하는 남편은 가정적인 것과는 거리가 멀어 빈번하게 싸우며 23년을 함께했는데, 남편의 외도를 알게 되었을 때에는 배신감과 억울함에 어찌 할 줄을 몰랐습니다.

그때 변호사님이 저의 심경을 잘 이해해주시고, 현실적으로 원만하게 해결할 수 있는 여러 가지 방법을 제시해주셨습니다.

지난 6개월 동안 자칫 감정에 휩쓸려 객관적인 판단력이 흐려질 수 있었는데, 친절하고 따뜻한 감성 터치와 냉철하고 현실성 있는 변호사님의 상담 덕분에 성공적인 결과를 얻을 수 있었던 것 같습니다.

그동안 주변에 드러내지도 못하고 힘들었는데 옆에서 힘이 되어주셔서 진심으로 감사드립니다.

상간녀 및 상간남 위자료 소송 승소를 위한 체크리스트 3가지

1. 상간자의 인적 사항은 특정 가능한가?

보통 상간자의 이름과 휴대전화 번호를 갖고 옵니다. 이러한 경우 법원을 통해 사실 조회를 하여 주민등록번호 및 주소를 특정할 수 있습니다. 그 외의 정보를 갖고 있는 경우 혹시 인적 사항을 특정하기 힘들면 어떤 정보를 수집할지부터 진단해야 합니다.

2. 부정행위의 증거는 확보되었나?

위자료 소송에서는 증거가 정말 중요합니다. 부정행위로 인정될 수 있는 필요·충분한 증거가 있는지, 부족하다면 어떠한 증거를 어떻게 확보할지에 대한 진단이 필요합니다. 증거 확보 과정 및 제출 시에는 형사상 범죄로 취급되지 않도록 주의해야 합니다.

3. 상간자가 유부남, 유부녀임을 인식하고 있었나?

만약 유부남, 유부녀임을 인식하지 못한 경우 상간자에게 위자료 지급 의무가 인정되지 않습니다. 따라서 관련 정황 또는 증거 등을 미리 체크해야 합니다.

CHAPTER 6

재산 분할은 넉넉하게

"살아온 세월을 인정받고 싶어요"

재산 분할의 첫 단추,
가압류·가처분!

이혼 소송에서 가장 치열한 부분 중 하나가 재산 분할이다. 실제로 재산 분할을 해주지 않으려고 부동산을 제3자 명의로 이전하거나 전세 보증금을 반환 받아서 은닉하는 경우도 꽤 있을 정도다.

그렇다면 재산 분할을 청구하는 입장에서는 어떻게 하면 안전하게 분할 받을 수 있을까?

첫째, 가압류·가처분은 필수다.

왜냐하면 판결에서 승소한들 배우자 명의의 재산이 없으면 실제로 돈을 받기 어렵기 때문이다. 따라서 필요·충분한 만큼의 가압류를 미리 해두고, 배우자로부터 승소한 금액을 실제로 받은 후 가압류를 해제해

주는 순서가 안전하다. 가압류는 배우자에게 이혼 사실을 알리기 전 신속하게 진행하는 것이 중요하다.

둘째, 가압류하기 전 배우자가 이미 재산을 처분했다면?

이혼을 앞두고 "남편이 전세 보증금을 받아서 빼돌렸어요" 또는 "아내가 부동산을 처분했어요"라며 찾아오는 분들이 꽤 있다. 다행히도 배우자에게 다른 재산이 있다면 즉시 가압류를 해야 하고, 다른 재산이 있는지 여부를 모르거나 있긴 하나 명확한 주소 등을 모른다면 빠르게 조회해서 파악해야 한다.

한편 제3자의 부동산 등을 가압류하는 것이 가능한 경우도 있다. 한번은 의뢰인의 배우자가 주요 재산이었던 전세 보증금을 반환 받아서 본인의 아버지에게 계좌이체 한 경우가 있었다. 이는 의뢰인의 재산 분할 청구권을 해하는 행위, 즉 사해 행위이므로 배우자의 아버지를 상대로 부동산 등의 재산을 가압류했다.

참고로 배우자가 재산 분할 집행을 면하려고 재산을 은닉하거나 허위 채무를 부담하면 형사상 문제 삼는 것도 가능하다. 대법원은 "이혼을 요구하는 처로부터 재산 분할 청구권에 근거한 가압류 등 강제집행을 받을 우려가 있는 상태에서 남편이 이를 면탈할 목적으로 허위의 채무를 부담하고 소유권이전청구권보전가등기를 경료한 경우 강제집행면탈죄가 성립한다"고 판결한 바 있다.

셋째, 가압류의 대상은?

부동산이 여러 개 있는 경우 부동산을 원하는지, 돈을 원하는지, 만약 부동산을 원한다면 어떤 부동산을 갖고 싶은지, 시세 및 향후 가치에 비추어 어떠한 부동산을 가압류하는 것이 효과적일지 등을 고려하여 가처분 또는 가압류할 대상을 정한다.

부동산이 없거나 부동산만으로 충분하지 않은 경우에는 전세 보증금 반환 채권, 분양권, 급여 채권, 예금, 주식, 자동차 등을 가압류한다. 안전하고 합당한 재산 분할을 위해서는 가압류·가처분이 필수임을 기억하기 바란다.

이혼을 결심했다면
가압류부터 서둘러라

"이혼을 앞두고 배우자가 재산을 빼돌리려고 해요. 가압류가 시급한데 어떻게 하죠?"

이혼 소송을 앞두고 있다면 가압류를 먼저 해야 한다. 주된 재산의 명의가 배우자 앞으로 되어 있는 경우 배우자가 재산을 처분하고 현금화하여 은닉할 우려가 있기 때문이다. 재산 분할 승소 판결을 받고도 실제로 돈을 받지 못한다면 사실상 의미가 없다. 가압류를 하게 되면 비로소 거의 동등한 지위에서 압박이 가능하고, 추후 판결 결과에 따라 재산 분할을 받는 것이 현실적으로 담보되는 것이다.

이혼 상담을 하다 보면 "이혼을 앞두고 배우자가 집을 부동산에 내놓았어요"라고 말하는 경우가 있다. 이러한 경우는 특히 가압류 결정을 빠르게 받아야 한다.

가압류를 신청하고 결정이 확정되기까지 여러 가지 사정에 따라 시일이 다소 걸릴 수는 있으나, 그에 필요·충분한 자료가 무엇인지 미리 알고 즉시 제출하면 더 빠르게 진행할 수 있음은 물론이다.

통상 재판부에서 요구하는 가압류에 필요한 것을 세 가지로 압축하여 정리하면 아래와 같다.

① 우선 가압류 신청서에 이혼으로 인한 재산 분할 청구권을 피보전채권으로 청구 금액을 기재하고, 혼인관계증명서 등의 기본 서류를 첨부한다.

② 보통 혼인 파탄의 사유에 관한 소명 자료를 적어도 한두 개 정도 제출해야 한다. 폭행을 이유로 하는 경우에는 진단서, 112 신고 내역, 사진, 각서 등을 제출하고 부정행위를 이유로 하는 경우에는 각종 문자 등의 캡처, 사진, 동영상 등을 제출하기도 한다. 기타 상담 기록 등을 제출하기도 한다. 즉, 배우자의 귀책사유에 관한 것을 제출하면 된다.

만일 혼인 파탄의 사유에 관한 객관적인 자료가 없거나, 제출이 곤란하면 증거 대신 이혼 본안 소장 사본 및 접수 증명을 제출하기도 한다. 이러한 경우 가압류 결정이 나기 전에 소장이 배우자에게 먼저 도달되지 않도록 유의해야 한다.

③ 재산에 관하여 정리해야 한다. 상대방의 재산이 부동산이라면 등기사항전부증명서와 시세 자료를 제출한다. 시세 자료로는 국민은행 시세 자료, 국토교통

부 실거래가 자료 또는 기타 인터넷 시세 자료나 인근 부동산 공인중개소의 시세 확인서를 제출하기도 한다. 그리고 기여도에 대한 간략한 주장과 함께 상대방에게 받을 재산 분할 금액을 기재한다.

가압류 대상이나 상황에 따라 필요한 자료가 다를 수 있으므로 정확하고 빠른 진단이 필요하다.

재산 분할은
어떻게 이루어질까?

이혼 시 재산 분할이 대략적으로 어떻게 이루어지는지에 대해 궁금해하는 사람들이 많이 있다. 재산 분할에서 손해 보지 않으려면 전반적인 절차를 참고하여 사안에 맞게 준비하는 자세가 필요하다.

"가압류·가처분은 꼭 해야 할까요?"

이혼을 앞두고 전세 보증금을 반환 받아 현금화시킨 후 은닉하는 경우가 종종 있다. 그러면 이혼 소송에서 승소하고도 현실적으로 재산 분할금을 지급 받지 못할 수 있다. 따라서 이혼 소송이 본격화되기 전에 미리 필요·충분한 가압류를 해두면 상대방에게 압박이 가해지고, 추후 집행이 용이하게 된다.

배우자의 재산이 부동산, 전세 보증금 반환 채권, 분양권, 주식, 급여 채권, 자동차 등 무엇인지에 따라 보전 처분을 어떻게 해야 할지가 달라 지고, 의뢰인이 재산 분할에서 원하는 바가 무엇인지에 따라서도 보전 처분의 종류 및 대상이 달라진다. 전세 보증금 반환 채권의 경우 임대인 소유의 부동산이 경매 중이거나 전세보증보험에 가입되었다면 가압류의 제3채무자 등이 달라질 수 있으므로 유의해야 한다.

"재산 분할 대상은 어떻게 확정되나요?"

일단 재산이 있어야 분할을 받을 수 있으므로 재산 분할 대상을 확정짓는 것부터 시작해야 한다. 상대방의 부동산, 예금, 주식, 보험 등을 조회하여 일정한 시점을 기준으로 분할 대상에 포함시킨다. 상대방이 회사에 재직 중인 경우에는 이혼 시점에서의 퇴직금을 조회하여 재산 분할대상에 포함시킨다. 명의신탁, 즉 상대방의 명의는 아니지만 실질적으로 상대방 소유인 경우에도 재산 분할 대상이 될 수 있다. 배우자의 특유 재산인 경우에도 의뢰인이 재산의 유지, 증가에 기여했다면 분할 대상이 될 수 있다.

"재산 분할 기여도는 어떻게 책정되나요?"

재산 분할 대상을 몇 퍼센트로 나눌 것인지도 결정해야 하는데 사실 재산 분할 기여도는 정해진 공식이 없다. 혼인 기간, 재산 형성 경위, 재산 유지 및 증가에 기여한 정도, 재산의 구체적인 액수 등 여러 가지를 고려한다. 재산 분할의 기여도는 당사자가 합의하기에 따라 100%도 가능하지만, 원칙적으로 100%는 없고 상황에 따라 예컨대, 10% 내지 90%까지 다양하게 인정될 수 있다.

재산 분할을 어떤 방식으로 할 것인지도 정하게 되는데, 예를 들어 부동산이 여러 개인 경우 누가 어떠한 부동산을 소유할 것인지, 또 공동명의의 부동산을 소유하고 있는 경우 배우자에게 부동산 지분 2분의 1을 이전하고 돈으로 받는다든지 등의 결정을 한다. 원하는 재산 분할 방법이 있다면 내용 및 이유를 재판부에 전달하는 과정이 필요하다.

"평생 용돈 받아 쓰는 신세,
황혼이혼 하고 싶어요"

"몇 만 원씩 용돈을 받아서 쓰는 삶이 싫어서 황혼이혼 하려고
합니다."

이혼 상담을 진행하다 보면 황혼이혼을 앞둔 분들이 많이 하는 말이
있다.

"하루라도 마음 편히 살고 싶어요."

"하루를 살아도 이혼하고 살아보고 싶어요."

결혼 생활 동안 얼마나 고생이 많으셨으면 이런 말씀을 하실까 싶어
마음이 아파오곤 한다. 자식을 생각해서, 또는 다른 이유로 어떻게든 참

고 버티다가 이제는 자녀도 장성했으니 이혼을 결심하고 방문하는 경우가 많이 있다.

최근 이혼 소송을 잘 마무리한 의뢰인이 처음 상담하러 온 날이 떠오른다. 그분은 이혼 사유로 흔히들 생각하는 폭행이나 외도 등은 없었는데 남편이 경제적으로 너무 독단적이어서 숨이 막힌다고 했다.

재산을 전부 남편 및 시댁 식구 명의로 해놓고, 의뢰인은 한 달에 몇십만 원의 생활비만 받아서 써왔다. 심지어 경조사비 5만 원을 낼 돈이 없어서 남편에게 수차례 말해보았지만 말이 통하지 않았다. 의뢰인은 항상 어디에 얼마를 쓰는지 일일이 보고해야만 겨우 몇 천 원, 몇 만 원을 더 받아 쓸 수 있었다. 이러한 경우 다음의 두 가지 사항을 유의해야 한다.

'남편이 이혼에 반대해도 이혼이 성립될까?'

'재산 분할을 안전하고 합당하게 받는 방법은 무엇일까?'

역시나 의뢰인의 남편은 이혼에 반대했다. 살면서 크게 다툰 적도 없는데 왜 이혼 청구를 당했는지 모르겠다며 앞으로 노력하겠다는 입장이었다. 의뢰인은 남편이 평생 지나치게 인색했던 점이나 집안의 대소사를 독단적으로 결정한 점, 자녀 문제에 무관심했던 점, 말로만 노력하겠다고 할 뿐 소송 중에도 전혀 달라지지 않은 점을 근거로 이혼을 주장했다. 재판부는 결국 "혼인 관계가 파탄되었고, 의뢰인의 책임이 남편의 책임보다 더 무겁다고 인정되지 않는다"는 이유로 이혼 판결을 내렸다.

재산 분할에 있어서는 남편이 시댁 식구 명의로 해둔 부동산도 명의와 달리 남편이 실제 소유자임을 주장하고 증명해 재산 분할의 대상으로 삼았다. 의뢰인은 그동안 남편과 같이 가게를 운영하고 가사와 자녀 양육을 주로 담당하면서 재산 형성 및 유지에 기여한 점 등을 내세워 원하던 바대로 승소할 수 있었다.

특히 재산 분할에 있어서는 가압류 등 보전 처분을 해두는 것이 중요하다. 앞에서 말했듯이 재산을 처분해 현금화하고 은닉하는 경우도 종종 있어 처분을 막을 필요가 있고, 가압류를 해두면 나중에 현실적으로 재산 분할을 하기에 여러모로 용이하기 때문이다. 배우자 명의의 재산이 여러 개일 경우 어느 재산을 가압류하는 것이 가장 효율적일지를 먼저 신중하게 생각하는 것이 좋다.

이혼이라는 쉽지 않은 결심을 한 만큼 이혼 전보다는 조금이라도 편안하게 살 방안을 찾았으면 하는 바람이다. 이혼 승소는 필수이고 중요한 관문인 만큼 원하는 바에 맞게 철저한 준비가 필요하다.

"혼인 기간이 짧아도
재산 분할이 가능할까요?"

"혼인 기간 3년차인데 재산 분할은 어느 정도 가능할까요?"

이혼 상담을 하다 보면 결혼 후 빠른 시간 안에 이혼을 결심하는 경우가 상당히 많이 있다. 막상 혼인을 하고 보니 배우자의 전혀 다른 모습에 이혼을 결심하는 경우, 배우자의 문제되는 행동을 익히 알았지만 결혼하면 달라지겠거니 생각했다가 도저히 변하지 않는 모습에 이혼을 결심하는 경우 등이 있다.

의뢰인 A는 사내연애를 통해 남편을 만나게 되었고, 결혼 이후 출산을 하면서 회사를 그만두고 가사를 전담했다. 그런데 연애할 때에는 의뢰인의 든든한 편인 줄 알았던 남편이 혼인 후 달라진 모습을 보여 계속 갈등이 생겼다고 한다. 게다가 시어머니와 시누이의 관계에서 서운한 일이 있었는데 이때 의뢰인에게 폭언을 하는 남편과 많이 다투게 되었다. 참아보려고 노력했지만 갈등이 심화되자 남편은 어린 아기 앞에서도 소리를 지르는 일이 많아졌고, 결국 의뢰인은 이혼을 결심하게 되었다.

위 의뢰인의 경우 가장 중요한 쟁점이 된 것은 재산 분할이었다. 주된 재산은 결혼할 당시 배우자의 아버지가 주신 돈으로 구입한 아파트였다. 배우자는 이 아파트는 특유재산이고, 짧은 혼인 기간에 비추어볼 때 재산 분할 대상 자체가 안 된다고 주장했다. 이에 대해 의뢰인은 출산 이전에 일정 기간 회사에 근무하면서 소득활동을 한 점, 출산을 하면서 퇴사한 점, 퇴사 후 가사와 육아의 대부분을 담당한 점 등을 주장하였다. 그리고 재판부는 이를 받아들여 배우자가 이 아파트를 유지, 증식하는 데 의뢰인이 협력했다고 보아 재산 분할 대상으로 인정했으며, 기여도 30%를 인정했다.

배우자가 주된 재산을 혼인 전부터 보유하고 있었거나 부모님의 지원을 받았고, 혼인 기간이 짧은 경우 재산 분할을 전혀 받을 수 없다거나 거의 받지 못하는 것으로 알고 있는 사람도 많다. 그러나 혼인 기간이 짧다고 할지라도 구체적인 상황에 따라 얼마든지 다른 결과가 나올 수 있다. 따라서 합당한 재산 분할을 받기 원한다면 재산 조회, 재산 분할 대상 및 기여도 등에 관한 유리한 주장을 할 필요가 있다.

"배우자에게 재산 분할을
해주고 싶지 않아요"

이혼 상담을 하다 보면 심정적으로 배우자에게 도저히 재산 분할을 못 해주겠다고 말하는 의뢰인들이 꽤 있다. 의뢰인이 부모님으로부터 상당한 재산을 상속받거나 지원받은 경우, 수십 년간 성실히 일해서 아이들을 키우고 재산을 형성했음에도 불구하고 배우자는 무책임하게 재산을 탕진해온 경우 등이 그러하다. 재산 상속이나 경제활동 등에 있어 양성 구별이 완화되다 보니 재산을 지키고 싶다는 상담도 성별 구별 없이 많이 요청하는 추세다.

의뢰인 A는 부모님으로부터 부동산 등 상당한 재산을 지원받아서 결혼 생활을 시작했다. 혼인 중에도 재산을 추가로 지원받았으며, 여러 번 돈을 차용하기도 했다. 10년 이상 결혼 생활을 유지하며 부동산 시세도 올랐다.

배우자는 결혼 초기부터 의뢰인에게 애정이 없어 보였고, 늘 일을 핑계로 늦게 귀가하기 일쑤였다. 그런데 알고 보니 오랫동안 외도를 해온 것이었다. 배우자는 결혼할 때 별다른 재산을 갖고 오지 않았는데, 그동안 상간자에게는 온갖 선물을 해왔다는 사실을 알고 의뢰인은 재산 분할을 절대 해주고 싶지 않다고 말했다.

한편 의뢰인 B는 결혼을 하고 나서 20년 넘게 일을 한 번도 쉬어보지 못했고, 이직도 하지 못했다. 그런데 배우자는 아이가 태어난 후에도 사업을 한다면서 늘 돈만 탕진하고 제대로 자리를 잡지 못했으며, 씀씀이 또한 커서 돈을 모으지 못했다. 이제껏 자존심 상할까봐 싫은 소리 한 번 못 했지만, 내심 크지 않은 돈이라도 책임감을 갖고 벌어보기를 바랐고, 소득 내에서 소비할 줄 아는 경제관념을 가졌으면 하고 바랄 뿐이었다. 의뢰인이 돈을 벌어 지원을 해줘도 사업을 일으키기는커녕 갈수록 씀씀이만 커졌다고 하니, 의뢰인 혼자서 감당하기 얼마나 힘들고 답답했을까.

다행히도 의뢰인은 회사에서 중요한 역할을 맡으면서 고액 연봉자가 되었지만, 그만큼 높은 업무 강도에 지쳐 있었다. 그러다 결국 자녀도 이제 다 컸으니 이혼을 해야겠다고 결심했다.

재산을 합당하게 분할하기 위해서는 여러모로 검토해볼 필요가 있다. 재산 분할 기준 시점, 재산 분할 대상 여부, 기여도, 재산 분할 방법

등 모든 면에서 철저한 준비가 필요하다. 즉, 재산 분할 대상에서 제외되면 같은 기여도라도 수천만 원에서 수십억 원까지 승소하는 금액이 달라질 수 있기 때문에 재산 분할의 세부 쟁점 모두 중요한 것이다.

그렇다면 의뢰인 A는 부모님으로부터 받은 재산은 특유재산으로 재산 분할 대상에서 제외시키는 것을 고려해야 한다. 그리고 증여 받은 것이 아닌 차용한 돈은 대상에서 제외된다. 다만 대여로 인정받기 위해서는 돈을 이체 받은 내역뿐만 아니라 매달 이자를 상환한 내역 등이 필요할 수 있다.

배우자가 대여 받은 사실을 알고 있다면 이와 같은 내용을 미리 자료로 남겨둬서, 나중에 상대가 말을 번복할 위험에 대비해야 한다. 또한 기여도 부분에 있어서 의뢰인이 부모님으로부터 상당 부분을 지원받은 사실, 상대방이 급여의 상당 부분을 부정행위에 소비한 사실, 의뢰인이 육아나 가사에 기여한 점 등도 적시할 필요가 있다. 재산 분할 방법에 있어서도 돈을 원하는지, 부동산 자체를 원하는지, 부동산 중 어떠한 부동산을 원하는지에 따라 적절한 주장이 필요하다.

의뢰인 B는 결혼할 당시 양측 모두 별달리 갖고 온 재산이 없었고, 온전히 의뢰인의 성실함과 능력으로 재산을 일군 사례다. 상대적으로 배우자는 각종 무책임한 행동으로 과도한 채무를 부담했을 뿐이고, 달리 자녀 양육이나 가사를 전담한 것도 아니었으므로 특히 기여도 부분에서 상당 부분 유리한 판결을 받을 수 있다.

혼인 생활마다 수십 년간 살아온 모습이 다 다르고, 재산 분할 기여도라는 것도 일률적으로 말할 수 없다. 재산 분할 시에는 혼인 기간 동안의 모든 사정을 종합적으로 고려하게 된다. 혼인 기간이 10년 이상, 20년 내외 지속된 사례에서 인정되는 재산 분할 비율이 흔히 생각하는 50%가 아닌 60% 내지 90% 등 굉장히 다양한 승소 사례가 있기 때문에 결국에는 어떻게 준비하는가에 따라 얼마든지 결과가 달라질 수 있다.

"배우자가
재산을 빼돌렸어요"

"남편이 전세 보증금을 반환 받아서 줄 생각을 안 해요."

"아내가 저 모르게 집을 팔고 이사를 갔어요. 집을 팔고 받은 대금은 갖고 있는지, 아니면 자녀에게 줬는지조차 모르겠습니다."

이혼 소송에서 재산 분할을 합당하게 받기 위해 가장 먼저 해야 할 일은 배우자 명의의 재산에 가압류 등 보전 처분을 하는 것이다. 그러나 미처 보전 처분을 하기 전에 배우자가 재산을 처분하여 현금화하는 등 은닉하는 경우가 꽤 있다.

앞에서도 설명했듯이 배우자 명의의 재산이 없다면 가압류를 할 수 없고, 나중에 승소 판결을 받아도 현실적으로 돈을 받지 못할 위험이 있다. 재산 분할에 있어 치열한 경우가 많이 있지만, 특히 상대방이 이미 재산을 전부 처분하여 은닉했다면 쉽지 않은 상황이므로 신중한 접근이 필요하다.

의뢰인 A가 살고 있던 집은 남편 명의의 전셋집이고, 계약 당시 보증금의 반환을 보증해주는 보증보험에 가입해두었는데 어느 날 전셋집에 경매가 개시되었다. 그러자 남편은 당장 이사를 가자고 하였고, 의뢰인은 아이와 함께 급하게 이사를 나와 따로 조그만 집을 구해서 지냈다. 남편은 보증보험을 가입한 곳에 요청해서 보증금을 전부 반환 받았는데, 갑자기 보증금 전액을 시댁에서 빌린 돈이라고 주장했다. 또한 의뢰인 앞으로 된 돈은 없으니 아무것도 줄 수 없고, 맨몸으로 나가라고 했다.

의뢰인은 남편이 시댁으로부터 보증금을 빌렸다는 새로운 주장이 허위임을 재판부에 알렸고, 재판부 역시 남편의 주장 및 제출 증거만으로는 대여라고 볼 수 없으므로 재산 분할 대상이 된다는 입장이었다. 다만 의뢰인은 승소 판결을 받아도 돈을 받을 수 없는 위험을 안고 있었다. 이에 의뢰인은 시아버지의 인적 사항을 확보하고 재산을 파악하여 시아버지의 재산을 가압류할 수 있었으며, 사해행위 취소 소송을 제기했다. 그제야 의뢰인의 남편은 두 개의 소송을 한꺼번에 해결할 의지를 보이며 조정을 제안했다. 이에 합당한 재산 분할을 현실적으로 이루어내면서 안전하게 마무리한 사례다.

한편 의뢰인 B는 아내가 집을 매도한 대금을 은닉한 후 이혼 소송을 제기하리라고는 생각지도 못했다. 다행히도 아내 명의의 다른 재산이 있었기에 그 재산을 가압류하였으며, 이미 처분한 재산도 재산 분할 대상으로 삼아 합당한 재산 분할을 이루어낸 사례다. 혼인 파탄으로부터 가까운 시점에 재산을 처분했다면 재산 분할 대상으로 보아야 하고, 아내 명의의 다른 재산 및 의뢰인 명의의 재산도 있었기에 비교적 수월하게 재산 분할을 할 수 있었다.

"별거 중에 번 돈도
나눠줘야 하나요?"

"별거 중 배우자가 취득한 재산도 분할이 가능한가요?"

배우자와 상당 기간 별거를 하다가 이혼을 하는 사람도 꽤 있다. 장기간 별거한 경우 악의의 유기 또는 혼인을 계속하기 어려운 중대한 이유로 보아 하나의 이혼 사유가 되기도 한다. 이때 별거 후에 배우자가 취득한 재산은 분할 대상이 되는지의 여부 등이 쟁점이 될 수 있다.

재산 분할은 부부 공동의 협력으로 형성한 재산을 나누는 것이라 흔히 별거 후 취득한 재산은 분할이 안 되는 것으로 알고 있다. 원칙적으로는 "별거 후 취득한 재산은 별거 전 쌍방의 협력에 의하여 형성된 유형·무형의 자원에 기한 것이 아닌 한 재산 분할의 대상이 안 된다"는 것이 판례의 태도다.

그렇다면 별거 중 취득한 재산은 어떠한 경우 예외적으로 재산 분할 대상이 되고, 기여도는 어느 정도 인정받을 수 있을까?

의뢰인 A는 남편과 경제적으로 어렵게 혼인 생활을 시작하였고, 혼인 5년차부터 약 30년간 별거를 하다가 협의이혼을 했다. 의뢰인은 이혼할 당시 자녀들과 함께 살던 남편 명의의 집을 이전받았다. 남편은 별거를 시작할 때에는 재산이 거의 없었고 별거 후 상당한 재산을 취득하였지만 집 외에는 더 이상 줄 수 없다고 했다.

의뢰인은 억울한 마음이 컸다. 왜냐하면 의뢰인이 자녀들 양육을 전담하면서 생활비를 벌기 위해 경제활동을 하였으며, 명절이나 시댁의 제사 등 대소사에 자녀들과 함께 방문한 점 등 여러 가지를 고려하면 재산 분할을 받는 것이 합당하다고 생각했기 때문이다. 이에 의뢰인은 즉시 재산 분할 소송을 진행했다.

재판부에서는 의뢰인의 주장을 받아들여서 남편이 주로 별거 후 형성한 재산 전부를 분할 대상으로 보았고, "자녀들 양육을 전담하면서 부족한 생활비를 마련하기 위해 일부 소득활동을 하기도 한 점 등을 참작하여 별거 후 배우자가 취득한 재산의 형성, 유지, 증가에 상당 부분 기여했다"고 보아 40%의 재산 분할 비율을 인정했다. 의뢰인은 결론적으로 이미 받은 집 외에 수억 원을 추가로 분할 받았다.

별거를 하면서 연락 자체를 전혀 하지 않고 지내기도 하지만, 의뢰인처럼 시댁의 대소사에도 참여하고 자녀들 양육도 전담한 경우 등에는 재산 분할 대상 및 기여도에 관하여 다각도로 유리한 주장을 할 수가 있다. 따라서 별거를 하는 경우 어떻게 하면 유리하게 재산 분할을 받을 수 있을지, 또는 어떻게 하면 충분히 방어할 수 있을지를 사안에 맞게 진단받을 필요가 있다.

"연금은 절대
나눠주기 싫은데 어쩌죠?"

"남편이 연금을 한 달에 300만 원 넘게 받으면서 저에게는 생활
비를 하나도 안 줍니다. 이미 별거 중이고 이혼하고 싶은데, 이
혼하면 연금을 받을 수 있을까요?"

　의뢰인 A의 남편은 수도권의 사립대학교에서 오랫동안 교수 생활을
했다. 의뢰인은 남편이 교수가 되기 전부터 만나서 뒷바라지를 하고 교
수가 된 후 퇴직할 때까지 늘 성실하게 내조를 했지만 남편의 부정행위
로 결국 별거에 이르게 되었다.
　의뢰인은 남편이 오랫동안 교수 생활을 한 만큼 연금을 300만 원 이

상 받고 있으면서 단돈 1원도 못 주겠다고 하니 무척이나 답답한 상황이었다.

'사립학교교직원 연금법'은 공무원 연금법을 준용하여 다음과 같은 요건으로 공단에 직접 분할 연금을 청구할 수 있다고 규정하고 있다.

▲ 배우자와 이혼하였을 것

▲ 배우자였던 사람이 퇴직연금 또는 조기퇴직연금 수급권자일 것

▲ 65세가 되었을 것

다만 유의할 점은 65세라는 요건과 관련하여 부칙에서 별도의 규정을 두고 있기 때문에 구체적으로 확인할 필요가 있다.

결론적으로 의뢰인은 아직 65세가 되지 않았지만 부칙에서 정한 연령에 도달한 상황이었고, 지금 이혼하면 당장 연금의 절반을 받을 수 있었다. 의뢰인은 이혼을 안 해준다는 남편을 상대로 이혼 소송을 제기했다.

한편 아직 공무원 연금법 등에서 정한 요건에 달하지 않지만 배우자가 이미 연금을 받고 있는 경우에는 어떻게 해야 할까?

예를 들어 의뢰인은 아직 법에서 정한 연령에 도달하지 않았지만 배우자가 이미 연금을 받고 있는 경우가 있다. 이러한 때에도 의뢰인에게 재산 분할을 인정하고 있으므로 별도로 혼인 기간, 배우자의 재직 기간 등을 참작하여 판단을 받아야 한다.

법원에서는 "부부 중 일방이 공무원 퇴직연금을 실제로 수령하고 있

는 경우 혼인 기간 중의 근무에 대하여 상대방 배우자의 협력이 인정되는 이상 적어도 그 기간에 해당하는 부분은 부부 쌍방의 협력으로 이룩한 재산으로 볼 수 있다"고 하여 재산 분할 대상에 포함시켰으며, "언제부터 언제까지는 배우자가 공무원연금공단으로부터 매월 수령하는 퇴직연금 중 일정 퍼센트의 비율로 계산한 돈을 매월 말일에 지급하라"고 판결한 바 있다.

다음으로, 이혼을 하는데 연금을 분할해주고 싶지 않다면 어떻게 해야 할까?

의뢰인 B는 "이혼을 하면 나중에 배우자가 공단에 직접 연금 분할을 청구할 수 있다는데 연금만큼은 절대 주기 싫다"고 했다. 이에 필자는 법으로 정해진 부분이기 때문에 합의가 별도로 성립해야 하고, 중요한 것은 이혼하면서 명확하게 기재해둬야 나중에 상대방이 약속과 달리 공단에 직접 청구하는 것을 막을 수 있다고 조언했다. 결국 의뢰인과 그 배우자는 연금을 청구하지 않는 것으로 합의를 했고, 이러한 내용을 포함하여 법원을 통해 명시적으로 결정을 받았다.

노후에는 특히 경제활동을 하기 어려울 수 있다 보니 일정한 금액을 매달 받는 것이 생활에 큰 보탬이 된다. 따라서 이혼할 경우 연금에 대한 재산 분할을 꼼꼼하게 살펴보는 자세가 필요하다.

"졸혼하자는 남편,
재산은 줄 수 없다고 해네요"

"남편이 몇 달 전 자유롭게 살고 싶다면서 집을 나갔어요. 차라리 이혼을 하자고 했더니 졸혼을 하자네요?"

사례 서울에서 결혼해서 시골에 내려온 지도 벌써 20년이 넘었네요. 아무것도 없이 시작했지만 친정에서 도와주셔서 땅도 구입하고 농사도 짓고 아이들도 잘 키웠어요. 그러던 중 남편이 갑자기 자유롭게 살고 싶다면서 집을 나가버렸어요. 말이 안 통해요. 처가에서 받은 돈으로 같이 재산을 일궜으면서 왜 다 본인 것이라고 생각하는지 모르겠네요. 소송으로 재산 분할을 확실하게 받고 마무리하고 싶습니다.

'졸혼'이라는 말이 한창 유행하면서 상담하러 온 의뢰인들이 졸혼이 뭐냐고 묻기도 했다. 양측이 모두 법률적으로 이혼을 하지는 않고 각자 본인의 삶을 사는 생활에 동의한다면 졸혼은 얼마든지 가능할 것이다. 그러나 재산 명의를 거의 다 갖고 있는 상황에서 가출까지 했으면서 이혼은 안 되고 졸혼을 하자고 하면 배우자가 과연 수긍할 수 있을까? 말이 좋아 졸혼이지 배우자가 고통스러워하든 말든 본인은 자기 맘대로 살겠다는 것이라면, 결국 배우자 입장에서는 이혼을 고려할 수밖에 없을 것이다.

　의뢰인 A의 남편은 "졸혼하자", "소송하면 가만히 안 두겠다"와 같은 험한 말을 하며 의뢰인의 이혼 소송 시도를 무마하려고 회유와 협박을 했다. 특히 서류 정리를 하는 것도 아니고 졸혼인데 재산을 명의 이전할 필요가 있겠느냐고 말하면서 가출을 해버렸다. 의뢰인의 입장에서는 남편이 재산 분할을 해주기 싫어서 '졸혼'이라고 둘러대는 것으로밖에 볼 수 없었다. 남편이 언제 재산을 처분할지 모르는 상황에서 의뢰인은 결국 이혼 소송을 제기하게 되었다.

　이혼 소장을 받은 남편은 의뢰인이 이혼 소송을 제기했다는 사실에 놀라기는 했지만, 우려와 달리 신변을 위협하는 일은 전혀 없었다. 다만 온갖 핑계를 대면서 가압류를 풀어달라는 식의 말을 했다.

　너무 당연한 말이지만 현실적으로 재산을 취득하기 전까지는 절대로 가압류를 풀어주지 말아야 한다. 이 사례에서 상대방은 결국 의뢰인의 확고한 의사를 확인하고 이혼에 수긍할 수밖에 없었다. 결국 재산 분할 또한 감정 신청 등의 절차를 통해 가액을 확정하고, 의뢰인이 원하는 범위에서 기여도를 인정받을 수 있었다.

상대방이 이혼에는 동의하지 않으면서 혼인 관계 회복을 위한 노력을 전혀 하지 않는 경우 의뢰인 입장에서는 상대방이 재산 분할을 해주기 싫어서 이혼을 안 하려고 한다고 생각할 수밖에 없다. 황혼이혼이고, 재산이 거의 다 상대방 명의로 되어 있는 경우 상대방이 이혼에 동의하지 않는 일이 꽤 많으므로 이를 염두에 두고 미리 대비할 필요가 있다.

승소 사례로 보는
재산 분할

"재산을 몇 억 원 분할 받을 수 있을까요?"

**당신의
이야기** 결혼한 지 어느덧 30년이 지났네요. 그동안 아이들을 키우느라 정신없이 살았어요. 남편은 폭행, 폭언, 외도 등등의 잘못은 전혀 하지 않았어요. 그런데 저는 너무 숨이 막혀서 같이 못 살겠어요.

저희 재산이 남편 명의로 된 건물 몇 채에 현금만 해도 수억 원이 있거든요. 처음에 시댁에서 받은 것도 있지만 같이 고생해서 번 돈이에요. 남편 성격에 제 명의로 해주는 것은 기대도 안 해요. 하지만 한 달에 용돈 몇 십만 원을 주는 게 끝이라 경조사에 갈 돈도 없어요. 용돈을 다 쓰고 나면 일일이 뭐 사야 한다고 허락받고 몇 천 원, 몇 만 원씩 받아서 생활해야 합니다.

저는 이혼 의사가 확고합니다. 경제적으로 독단적인 남편과 더 이상은 같이 못 살겠어요. 남편은 이혼해줄 생각이 전혀 없는데, 저 이혼할 수 있을까요? 그리고 이왕 이혼하는 것 재산 분할을 몇 억 원은 받고 싶어요. 상대방은 시아버지가 주신 거라면서 저에게 분할해줄 생각이 전혀 없다고 하는데 가능할까요?

이혼을 앞둔 당신에게

황혼이혼, 20년 이상 결혼 생활을 한 후 이혼하는 경우를 일컬어 황혼이혼이라고 하죠. 많은 분들이 황혼이혼을 고민하고 상담 요청을 하시는데요, 살아온 지난 세월에 대해 들어보면 어떻게 참으셨나 싶을 때가 많이 있습니다.

황혼이혼의 경우 빠르게 이혼하기만을 원하시는 분들도 있는데요, 재산 분할이 쟁점이 될 때도 많습니다. 함께 살아온 세월이 길다 보니 재산을 어떻게 형성하고 유지·증가시켰는지에 관하여 치열한 공방이 오가기도 합니다. 재산 분할 대상, 기여도는 역량에 따라 많은 차이를 보일 수밖에 없습니다.

참다 참다 이혼을 확고하게 결심하고 상담을 요청한 이 의뢰인, 남편의 독단적인 태도에 많이 지치고 답답해하는 심정을 느낄 수 있었습니다. 이분은 이혼이 가능할지, 재산 분할을 얼마나 받을 수 있을지 많이 고민하고 있었습니다.

상대방은 소송 진행 중에도 도대체 왜 아내가 이혼 청구를 했는지 모르겠다면서 잘못한 부분이 있으면 노력하겠다는 태도를 보였습니다. 그러나 말로만 노력하겠다고 할 뿐 달라지는 모습을 전혀 찾아볼 수 없었습니다. 재판부에 이러한 내용을 잘 전달한 결과, 이혼이 성립되었고 원하는 대로 수억 원의 재산 분배를 받게 된 사례였습니다.

자녀와 함께 사업을 구상하고 있는 의뢰인분, 언제나 응원합니다!

"연금도 재산 분할을 받을 수 있나요?"

당신의 이야기 남편은 직업군인이었어요. 저는 아이들의 교육 문제로 한곳에 정착해서 살고 있었고, 남편은 주말마다 집에 오곤 했어요. 처음에는 매주 오더니 언제인가부터 이 핑계, 저 핑계 대면서 잘 오지 않더라고요. 왜 그러는지 물어봐도 별 대답이 없었고요. 생활비만 받아서 가족을 부양하는 데 써왔는데 이제 그마저도 이런 트집, 저런 트집 잡으며 압박을 하네요.

남편은 20여 년의 군인생활을 마치고 현재 연금을 받고 있습니다. 그런데 며칠 전 남편으로부터 이혼 소장을 받았습니다. 아이들도 있고, 저도 앞으로 어떻게 살아야 할지 막막하기만 합니다. 이렇게까지 해야겠느냐고 연락을 해봤지만 묵묵부답이네요. 남편이 받고 있는 연금도 재산 분할을 받을 수 있을까요?

이혼을 앞둔 당신에게

저를 찾아온 의뢰인은 이혼 후의 생활이 너무 막막하다고 이야기했습니다. 이혼 후의 삶에 대비해 여러 가지를 준비해야겠지만 일단 이혼 소송에서 재산 분할을 잘 받는 게 중요하겠죠?

의뢰인이 그동안 내조를 잘했기 때문에 상대방이 직장생활을 할 수 있었던 것이고, 현재 연금을 받을 수 있는 것입니다. 다른 연금법과 달리 현행 군인 연금법에는 아직 분할 수급권 규정이 없습니다. 따라서 이혼 재산 분할 과정에서 반드시 주장, 정리해야 합니다. 군 복무 기간 중 혼인 기간은 어느 정도인지, 얼마만큼 가정에 충실했는지 등의 증거 자료를 기초로 기여도를 주장하여 연금에 대한 재산 분할을 도와드렸습니다.

"남편이 저보고 몸만 나가래요"

 남편과는 사내 연애로 만났습니다. 남편이 결혼 전부터 아니다 싶은 모습을 보였다면 이렇게까지 억울하지는 않을 것 같아요. 결혼 전에는 항상 저를 위하는 모습을 보였던 남편이 완전히 돌변했어요. 무조건 시댁 이야기만 들으려 하고, 저와 친정 식구를 무시하는 발언이 점점 늘어나고, 심지어 결혼할 때 해온 게 뭐가 있느냐는 식입니다.

그러던 중 남편과 시댁 식구의 카톡 내용을 보게 되었는데 어쩌나 저를 욕하고 무시하고 조롱하던지……. 남편에게 어떻게 그럴 수 있는지 말해보았지만 오히려 큰소리를 치고 더 화를 내기만 했습니다.

집은 본가에서 해준 것이니 남편이 저보고 몸만 나가래요. 저는 아이를 낳고 키우느라 회사도 그만뒀는데 아무것도 못 주겠다니 억울합니다.

이혼을 앞둔 당신에게

의뢰인은 3년 가까이 혼인 생활을 하다가 이혼을 결심하고 오셨는데요, 이야기를 들어보니 너무 안타까웠습니다. 어떻게 결혼 후 완전히 딴판이 되어버릴 수 있을까요?

시누이, 시어머니와 함께 아내 흉을 보고 조롱하고, 처가 식구를 무시하는 것이 일상이라니, 한 길 사람 속은 정말 알 수가 없나봅니다. 그러면서 오히려 적반하장에 폭언을 하고 화를 내니 이런 상황에서 계속 살다 보면 마음의 병이 생기지는 않을지 많이 우려되었습니다.

의뢰인은 재산 분할 청구를 위해 상대방 명의의 아파트를 가압류했습니다. 상대방은 본가에서 해준 아파트이고 혼인 기간이 짧다는 이유로 특유재산이라면서 단 한 푼도 재산 분할을 해줄 수 없다고 주장했습니다.

의뢰인은 혼인 기간이 길지는 않지만 경제활동을 하다가 임신·출산 과정에서 회사를 그만두게 되었으며, 가사 및 육아를 전담하였기에 반드시 합당한 재산 분할을 받아야 한다고 주장하였습니다. 이에 대해 재판부는 의뢰인의 주장을 받아들여 아파트를 재산 분할 대상으로 인정하는 것을 전제로 기여도 30%에 해당하는 금액으로 판결을 내렸습니다.

"유책 배우자는 재산 분할 시 불리한가요?"

당신의 이야기 어린 나이에 결혼을 하고 시댁에 들어가 살면서 생각보다 많이 힘들었어요. 시댁은 가부장적인 집안이어서 시아버지 앞에서 무릎까지 꿇고 훈계를 들어야 했고, 시어머니 외에 가까이 사는 시고모까지 이런저런 잔소리에 시도 때도 없는 집 방문까지, 상식적이지 않은 일이 계속 일어나니 스트레스가 심했어요.

그러던 중 제가 유책 배우자가 되어버렸습니다. 생활이 너무 힘들어도 남편과의 관계를 정리하고 다른 사람을 만났어야 했는데, 마음이 많이 힘들었던 것 같습니다. 만나던 남자와 호텔에 출입한 영상까지 남편이 갖고 있어요.

남편이 저에게 양육권도 불리하니까 알아서 양보해라, 예전에 아이 돌보는 거 도와주신 이모님에게 연락해놨다, 네가 바람 펴서 이혼하는 거니까 재산은 하나도 가질 생각 말라고 하더라고요.

저는 양육권이 제일 중요하고요, 결혼 기간도 워낙 짧고 다 남편이 갖고 온 재산이기는 하니 재산 분할은 어떻게 되든 상관없습니다. 위자료를 줘야 하는 것도 알고 있습니다. 저는 어떻게 해야 할까요?

이혼을 앞둔 당신에게

의뢰인은 혼인 기간이 짧고 상대방의 특유재산이라는 이유로 재산 분할에 대해서는 전혀 기대하지 않는다고 하셨는데요, 혼인 기간이 길지 않더라도 가사와 육아를 전담한 이상 재산의 유지 및 증가에 기여한 것으로 보고 재산 분할 주장이 가능합니다. 특히 위자료를 부담하실 수밖에 없는 상황이다 보니 위자료보다 높은 액수의 재산 분할을 받게 되면 현실적으로 도움이 되실 거라 생각했습니다. 이에 상대방 명의의 아파트, 예금채권 등을 대상으로 재산 분할을 주장하여 위자료보다 고액의 재산 분할을 인정받을 수 있었습니다.

덧붙여 의뢰인이 아이를 낳은 이후 육아를 전담해온 점, 별거 이후 친정에서 양육을 하고 있는 점 등을 내세워 양육권 소송에서도 승소한 사례입니다.

"재혼한 아내가 재산의 절반을 달래요"

당신의 이야기

재혼할 때만 해도 오래오래 같이 잘 살 줄로만 알았습니다. 어찌저찌 10년 넘게 살긴 했습니다만, 결혼 생활이 순탄치만은 않았어요.

처음에는 생활비 때문에 갈등이 시작되었는데 점점 다른 갈등으로 번지더라고요. 둘 다 전혼 배우자와의 사이에 낳은 자녀가 있는데 서로 존중을 안 한다, 무시한다부터 시작해서 계속 싸움이 생기더라고요. 너무 갑갑해서 결국 제가 집에서 나왔어요. 며칠 전 이혼 소장을 받았는데 위자료에 재산 분할 50%를 요구하네요.

위자료 청구도 억울하고, 재산도 얼마 정도 줄 의향은 있지만 절반은 너무 많은 것 같습니다. 합당한 판결을 받을 수 있게 도와주세요.

이혼을 앞둔 당신에게

이야기를 듣다 보니 아쉬운 부분이 많이 있었습니다. 정말 신중하게 재혼을 하였는데 성격이나 생활방식부터 경제적인 문제로 계속 갈등이 있어왔고, 전혼 자녀에게까지 상처를 입으면서 어쩔 수 없이 별거를 하게 된 상황이었습니다. 그런데 이혼 소장을 받고 보니 허위 사실과 과장된 내용이 많아 더 충격을 받았다고 해요. 이에 억울한 부분을 글로 풀어서 위자료 청구를 방어하고, 재산 분할을 합당하게 도와드리기로 했습니다.

의뢰인은 잘못한 것이 없으니 위자료를 줄 수 없고, 재산 분할은 30% 정도까지 줄 생각이 있다고 하셨는데요, 일단 위자료 부분은 방어를 하여 전부 기각 판결을 받았습니다. 재산 부분은 혼인 기간이 10년 이상 되기는 하였으나 의뢰인의 자녀가 이미 성년에 이른 후 재혼하였고 자녀 양육 등에 관하여 별다른 기여가 없었던 점, 재산 중 상당수는 혼인 전에 취득한 것인 점, 상대방이 혼인 기간중 특별한 경제활동을 하지 않은 점 등 유리한 점을 전달하여 의뢰인의 기여도가 75%, 상대방의 기여도가 25%로 인정을 받은 사례입니다.

후기로 보는
넉넉한 재산 분할

의뢰인은 시어머니와 한 방에서 수년간 생활하면서 모시고 살았지만, 직장을 핑계로 따로 생활하던 남편은 올 때마다 폭언, 폭행에 심지어 외도를 하고 있었다고 합니다. 이에 이혼을 결심했고, 자녀들은 이미 성년에 이르렀기 때문에 이혼 및 재산 분할이 주된 쟁점이었는데요. 상대방은 이혼을 원치 않았고, 재산의 경우 본인의 본가에서 도움을 받은 부동산이 주된 재산이므로 분할해줄 수 없다는 주장을 이어갔습니다. 이에 대해 의뢰인은 상대방의 유책성을 부각시키고, 또한 상대방은 외도도 하고 급여도 제대로 갖다 주지 않으나 의뢰인은 공무원으로서 안정적인 직장에서 일하면서 공동 생활비를 충당한 점 등을 주장하여 조정에서 공무원 연금을 분할해주지 않기로 하고, 부동산 등 재산에 대한 기여도도 약 60% 가까이 인정받으며 유리한 재산 분할 내용으로 마무리했습니다.

의뢰인 김○○ 님의 후기

의뢰인은 수시로 고마움을 표시해주었습니다. 특히 상대방이 뒤늦게 서면을 제출하여 시간적 여유가 없었음에도 재산 분할과 관련해 탄탄한 반박 서면을 구성해 공유해드리자, "변호사님, 이렇게 장문의 서면을 준비해주셔서 감사드리고 너무 애쓰셨습니다. 너무 잘 써주셔서 감동받았습니다. 감사합니다"라는 내용의 문자를 수차례 보내주셨습니다.

1년 만에 합당한 조정으로 마무리되자, "변호사님, 전 아까 실감이 안 났어요. 이상한 피고를 만나서 일 년 동안 고생 많으셨고, 정말 애쓰셨어요. 감사드립니다. 감사합니다. 축복합니다. 부족한 저를 도와주셔서 감사드리고 헌신해주셔서 감사드립니다. 고생 많으셨습니다"라며 연신 감사 문자를 주셨지요.

또 소송이 마무리된 이후에도 재차 "진짜 고생 많으셨어요. 하시는 소송마다 다 이기세요. 평안하세요. 감사합니다"라며 감사 문자를 보내주시곤 했습니다.

넉넉한 재산 분할 승소를 위한 체크리스트 3가지

1. 빠르고 필요·충분한 가압류와 가처분 먼저!

아무리 유리한 판결을 받아도 상대방의 재산이 이미 처분되고 없다면 현실적으로 만족을 얻을 수 없겠죠?

재산이 배우자 명의로 되어 있는 경우 이혼을 앞두고 처분하여 은닉하는 사례들이 꽤 있습니다. 따라서 이혼을 앞두고 있다면 가압류와 가처분부터 해놓는 것이 중요합니다. 상대방 명의의 재산이 여러 개 있을 경우 어떠한 재산을 가압류할지부터 검토해야 합니다. 이미 배우자가 재산을 처분한 경우 제3자에 대한 가압류 및 사해 행위 취소 소송 등을 검토할 수는 있으나, 안전하게 승소하기 위해서는 미리 준비하는 것이 필수라는 것, 꼭 명심하세요!

2. 재산 분할 대상 조회 및 분석은 철저하게!

재산 분할과 관련하여 필요한 조회를 신속하게 하는 것에서부터 빠르고 넉넉한 재산 분할 승소 여부가 갈릴 수 있습니다. 특유재산의 경우 대상 여부부터 치열하게 검토할 필요가 있습니다. 대상에 따른 가액 산정도 중요하므로 기준 시점에 따른 자료 구비가 필요하고, 대상에 따라 감정 여부도 검토해야 합니다.

3. 치열한 기여도 주장으로 재산 분할 액수를 합당하게!

기여도라는 것은, 대략적으로는 알 수 있어도 공식 같은 것은 없습니다. 기여도를 몇 십 퍼센트 더 인정받고 덜 인정받는지에 따라 액수 차이가 분명히 나기 때문에 구체적인 사안에 맞게 준비할 필요가 있습니다.

CHAPTER 7

양육권 확보는 확실하게

★ ───────────────────────── ★

"아이를 지키는 현명한 방법은?"

"양육권만큼은 절대
빼앗기고 싶지 않아요"

"양육권은 무슨 일이 있어도 반드시 확보하고 싶은데 어떻게 해야 하죠?"

우선 양육권은 아이를 위한 결정이 되어야 한다는 말을 미리 하고 싶다. 양육권 주장에 있어 아이보다 본인이나 조부모의 욕심을 앞세우고 있는 것은 아닌지 차분하고 신중하게 생각해볼 필요가 있다.

이것저것 따져보며 곰곰이 생각해본 결과, 아이를 위해 진정 본인이 양육자로 지정되어야 한다고 판단된다면 안전하고 확실한 준비가 필요하다. 이혼 소송에서 양측 다 양육권을 원하면 다툼이 상당히 치열하게 전개된다.

그렇다면 어떻게 해야 치열한 다툼을 피하고, 안전하고 확실하게 승소할 수 있을까?

양육권 관련 판결문을 보면 "미성년자의 성별과 연령, 부모의 애정과 양육 의사, 양육에 필요한 경제적 능력의 유무, 부 또는 모와 미성년자 사이의 친밀도, 미성년자의 의사 등 모든 요소를 종합적으로 고려하여 미성년자의 성장과 복지에 도움이 되고 적합한 방향으로 판단하여야 한다"라고 나와 있는데, 의뢰인의 입장에서는 구체적으로 무엇을 어떻게 준비해야 하는지 막연할 수 있다.

상담을 진행하다 보면 흔히 아이가 어리면 엄마가 무조건 유리하다거나, 경제력이 큰 비중을 차지한다거나, 유책 배우자는 양육권에서 불리하다는 식의 생각을 하는 경우가 많다. 그런데 아빠들도 양육권을 주장하고 승소하는 경우가 꽤 있고, 경제력은 하나의 참작 요소일 뿐 크게 중요한 요소가 아닌 경우가 많다. 그리고 외도를 하여 혼인을 파탄에 이르게 한 엄마도 다른 부분을 잘 주장하면 충분히 양육권에서 승소할 수 있다.

정작 양육권 승소에 있어 놓치고 있는 중요한 부분은 이혼 소송을 하는 시점에 '아이를 실제로 데리고 있는 측이 유리하다'는 점이다. 보통 별거를 하면서 이혼 소송을 하게 되는데, 몇 달 이상 아이를 안정적으로 데리고 있는 측이 자연스럽게 양육권자로 지정되는 경우가 많다. 왜냐하면 특별한 사유가 없는 한 현재의 양육 환경을 그대로 유지하는 것이 아이의 안정적인 성장과 복리에 적합하다는 것이 법원의 태도이기 때문이다.

안정적으로 양육권을 확보하면 참 좋겠지만 안타깝게도 잘 몰라서, 또는 어쩔 수 없이 상대측이 아이를 데리고 있는 상황에서 소송이 진행되는 경우도 있다. 그러나 상대방의 귀책사유로 인해 혼인이 파탄되었는데도 불구하고 상대방이 아이를 데려가서 돌려보내지 않는 경우라든지, 나아가 무력으로 폭력을 행사하여 아이를 데려간 경우 아이를 데리고 있다는 이유만으로 덮어놓고 양육권을 손에 쥐기 유리하다고 하는 것이 과연 합당할까? 법도 상식을 바탕으로 하는데 어떤 경우에도 아이를 데리고 있는 측이 무조건 유리하다면 그 누구도 납득하기 어려울 것이다.

경우에 따라 상대측이 아이를 데리고 있는 쉽지 않은 상황임에도 아이를 위해 양육권을 가져와야 한다는 '양육 의지'가 확고하다면 분명 방법이 있다. 이러한 경우 양육권 소송 외에 유아 인도 등 사전처분을 같이 제기하고 신속하게 진행하는 지혜가 필요하다.

물론 유아 인도 사전처분을 진행하는 것은 상당한 노력을 요한다. 마치 별도의 소송을 급행으로 진행한다는 생각으로 철저하게 준비해야 한다. 양육권 다툼이 치열한 경우 가사 조사 등이 필수적으로 행해진다고 보고 준비를 잘해야 하며, 그동안의 양육 상황이라든지 앞으로의 양육 계획을 유리하게 구성해 전달할 수 있어야 한다.

양육권을 가져오는 데 있어 미리 준비를 해두면 수월하게 승소할 수 있다는 점, 안타깝게도 불리한 상황에 놓여 있다고 하더라도 포기하지 않겠다는 의지가 있다면 유리한 방법을 찾을 수 있다는 점을 기억하길 바란다.

"바람피웠다고 무조건
양육권을 포기해야 하나요?"

"제가 외도 유책 배우자가 되어버렸는데, 이런 경우에도 양육권
확보가 가능할까요?"

사례 남편의 외도, 도박, 음주, 폭언, 가출……. 그동안 정말 너무 지치
고 힘들었어요. 이혼을 결심한 후 남남처럼 살면서 저도 새로운 사람을
만난 것은 맞습니다. 그런데 남편이 어떻게 알았는지 사진을 찍어서 법
원에 제출했네요. 이혼의 모든 원인이 저한테 있는 것처럼 되어버려서
너무 억울하고 답답합니다. 무엇보다 친권과 양육권을 확보하고 싶은
데 방법이 있을까요?

배우자에게 귀책사유가 있음에도 불구하고 아이들을 생각해서 참고 참으며 별다른 증거를 확보하지 않는 경우가 꽤 있다. 그러던 중 다른 사람을 만나게 되어 유책 배우자가 되어버린 경우 억울한 마음이 드는 것도 당연하다. 그래도 어쩌겠는가. 지난 일을 돌이킬 수는 없으니 결국 최선을 다해 합당하게 마무리할 방법을 찾는 수밖에 없다.

의뢰인 A는 배우자가 의뢰인의 외도 증거를 갖고 있었기 때문에 유책 배우자라는 사실을 부정할 수 없었다. 유책 배우자는 배우자가 이혼에 반대할 경우 이혼 청구가 기각될 우려도 있고 위자료 문제도 있다.

그렇다면 유책 배우자와 양육권은 어떠한 관련이 있을까?

만약 부정행위를 하면서 아이들에게도 소홀히 한 경우에는 양육권과 관련이 있을 수 있다. 하지만 배우자에 대한 혼인 파탄의 귀책사유와 자녀의 복리를 위한 양육권은 기본적으로 관점이 다르다. 양육권은 "부모의 양육 의사, 미성년 자녀의 연령과 성별 및 의사, 부모와 자녀의 친밀도, 양육 상황, 양육 환경 등 모든 요소를 종합적으로 고려하여 미성년 자녀의 복리에 도움이 되는 방향으로 판단한다"는 것이 법원의 태도다.

의뢰인 A는 외도 등 부정행위를 했지만, 그동안 아이들을 전적으로 양육하여 왔기 때문에 양육권을 가져오기는 유리한 상황이었다. 그리하여 결론적으로 상대방의 양보를 이끌어내며 친권 및 양육권에서 승소를 했다.

이처럼 유책 배우자인 경우에도 자녀들을 위해 양육권자로 지정될 필요가 있다고 생각한다면 양육권의 관점에서 유리한 면을 정리하여 법원에 전달할 필요가 있다. 반면 배우자의 부정행위로 이혼 소송을 준비하면서 본인에게는 귀책사유가 없으니 당연히 양육권에서 승소할 것이라고 생각하는 것은 위험하다. 양육권은 반드시 자녀의 정서적인 안정과 복리의 관점에서 신중하게 준비해야 한다.

"내 애, 내가
데려오겠다는데 죄가 되나요?"

"이혼을 앞두고 별거를 하면서 아이와 함께 친정집에서 지내고 있었어요. 그런데 갑자기 남편이 쳐들어와서 저를 밀치고 아이를 강제로 뺏어갔어요. 이런 경우 형사 고소가 가능한가요?"

이혼 소송에서 형사 사건을 함께 진행하는 경우가 꽤 있다. 양육권 분쟁과 관련해서 문제되는 형사 범죄 중 하나가 '미성년자 약취죄'다. 종종 '아빠인 내가 아이가 보고 싶어서 데리고 온다는데 그게 무슨 잘못이야?'라는 생각에 잘 모르고 범죄를 저지르는 경우도 있고, 정작 피해를 입은 입장에서도 '형사 고소를 해봐야 가족 간의 일인데 잘 처리가 될까?'라고

염려하는 경우도 있다.

형법 제287조에서는 "미성년자를 약취 또는 유인한 사람은 10년 이하의 징역에 처한다"고 규정하고 있다. 동일 형법 조항은 이혼 소송 중 또는 이혼을 앞두고 별거를 하는 중에 물리력을 행사해서 아이를 강제로 데리고 가는 친부 또는 친모에게도 적용되므로 유의해야 한다. 게다가 법정형으로 징역형만 규정되어 있고, 기소가 되면 집행유예뿐만 아니라 실형이 나오기도 한다.

의뢰인 A는 이혼을 앞두고 아이를 데리고 본가에 가서 배우자와 별거를 하던 중 배우자가 갑자기 찾아와서 아이를 강제로 데리고 갔다고 한다. 이에 결국 배우자를 주거 침입 및 미성년자 약취죄 등으로 형사 고소했고, 검찰에서 동일 죄로 기소했으며, 법원에서는 징역에 집행유예 판결을 했다.

한편 의뢰인 B는 배우자가 아이를 강제로 데리고 가려다가 실패했고, 그 과정에서 물리적 충돌이 있었던 것에 대해 오히려 의뢰인을 미성년자 약취죄 등으로 고소했다. 이에 의뢰인은 배우자의 형사 고소에 대해 방어를 하는 동시에 배우자를 미성년자 약취미수죄로 고소했다. 그 결과 의뢰인은 혐의 없음 처분, 상대방은 기소유예(혐의는 인정되나 여러 사정을 참작하여 기소를 하지 아니함) 처분을 받았다.

여기서 생각해볼 것은 형사 범죄가 되는 행동을 해서는 안 된다는 것이다. 그리고 무엇보다 중요한 것은 아이의 정서적인 안정을 고려할 필요가 있다는 것이다. 아이가 출생한 이후 양육 상황이나 양육 의지, 양육 환경, 아이의 나이, 아이와의 친밀도 및 애착관계 등 모든 것을 고려하여 누가 아이를 양육하는 것이 맞는지에 대해 신중히 생각해보면서 이혼을 앞둔 상황에서 아이의 정서적인 안정을 고려하기 바란다.

"아빠도 양육권을
가져올 수 있을까요?"

"아이가 아직 어린데 아빠인 제가 양육권을 갖고 올 수 있을까
요?"

　양육권을 원하는 아빠들이 상담을 하면서 많이 하는 질문 중 하나가
"아이가 어리면 양육권이 엄마에게 유리하다는데 제가 양육권을 갖고
올 수 있을까요?"라는 것이다. 상대방인 엄마도 양육권을 원하는 경우
과연 아빠가 양육권을 가져올 수 있을까?
　의뢰인 A는 아내와 주말부부로 지내고 있었고, 아이들은 아내와 처가
식구들이 주로 돌보고 있었다. 의뢰인은 종종 집에 갈 때마다 아내가 늦

게 귀가하는 것을 이상하게 여기던 중 아내가 외도를 하고 있다는 사실을 알게 되었다.

의뢰인은 아내가 의뢰인이 없는 평일에도 상간남을 만나느라 아이들에게 소홀하고 수시로 새벽에 귀가한다는 사실까지 알게 되자 양육권을 확보해야겠다는 결심을 하게 되었다. 이에 의뢰인은 아내와 별거를 시작하고, 본가의 도움을 받아 아이들을 직접 돌보기 시작했다.

의뢰인은 아내의 외도 증거를 토대로 이혼 소송을 제기했고, 아내도 처음에는 양육권을 주장했다. 그러나 의뢰인이 아내가 외도를 하며 아이들에게 소홀했던 점 및 아이들이 새로운 환경에 안정적으로 정착한 점 등을 지속적으로 주장하자, 결국 아내는 양육권을 양보했고 의뢰인이 양육권에 승소할 수 있었다.

한편 의뢰인 B는 아내가 화만 나면 크게 소리를 지르고 물건을 집어던지는 모습 때문에 이혼을 고민했지만 아이를 생각하면서 수년간 참아왔다. 그러나 아내의 행동은 점점 심해지더니 급기야 어린 아기를 안고 있는 의뢰인을 향해서도 물건을 집어던지기에 이르렀다. 의뢰인은 아기가 맞을까봐 피하지도 못하고 날아오는 물건을 다 맞으면서 과연 폭력적인 아내와 계속 지내는 것이 아이를 위한 길인지 의문이 들었고, 시간이 지나도 도저히 달라지지 않는 아내의 모습에 결국 이혼을 결심했다.

의뢰인은 아내에게 이혼 이야기를 꺼냈고, 아내는 "아이는 네가 키워"라고 말하기에 그날로 아이를 데리고 본가에 갔다. 이후 아내가 본가에 찾아와 아이를 데려가려고도 했고, 양육권을 다시 주장하기도 했지만 의뢰인은 분명한 양육 의지를 재판부에 전달하여 양육권에 승소할 수 있었다.

양육 의지가 확고하고 아이를 위해 스스로 키우는 것이 더 낫다고 판단된다면 아이를 위한 안정적인 양육 환경을 만들고, 재판부에 양육 의지와 계획 등을 전달하는 것이 중요하다.

"혼인 신고를 안 해도
양육비를 받을 수 있나요?"

"혼인 신고를 하지 않은 상태에서 아이를 임신했고 곧 출산 예정인데요, 갈라서고 양육비를 청구하고 싶습니다."

"외도한 사실혼 배우자와 상간자에게 손해배상을 청구하고 싶습니다."

"사실혼으로 살아왔는데 재산 분할 청구를 하고 싶습니다."

최근 결혼식을 올리고 실질적으로는 부부 공동생활을 하면서도 혼인 신고를 미루는 경우가 많다. 또 아이의 아빠에게 법률상 배우자가 있어 혼인 신고를 하지 못하는 경우, 사업상 이유 등으로 혼인 신고를 하지 않고 사는 경우 등도 있다.

'사실혼'으로 보호받기 위해서는 '주관적으로 당사자 사이에 혼인의 의사가 있고, 객관적으로 부부 공동생활을 인정할 만한 혼인 생활의 실체'가 있어야 한다. 그저 동거 정도에 불과하다면 사실혼으로 보호받지 못한다. 법률혼 배우자가 있는 사람과 사실혼을 유지한 경우에도 원칙적으로 보호받지 못한다. 따라서 사실혼으로서 위자료나 재산 분할을 청구하기 위해서는 일단 보호받는 사실혼임이 인정되어야 한다.

사실혼의 경우 법률혼과 달리 해소 자체는 수월하다. 외도 등의 유책 배우자라고 하더라도 집에서 나오면서 공동생활을 접음으로써 사실혼 관계를 해소시킬 수 있다. 다만 위자료, 재산 분할 또는 양육비 등의 청구는 가능할 수 있다.

결혼식을 마친 후 혼인 신고는 하지 않고 살던 중 아이를 출산한 의뢰인 A는 남편의 외도와 시댁과의 갈등으로 결국 헤어지기로 결심했다. 이러한 경우 양육비 청구 및 인지 청구를 함께 진행해야 한다. 상대방이 임의로 인지하는 것이 가능하기는 하지만, 보통 관계가 악화된 상황에서 자발적으로 인지할 것을 기대하기는 어렵기 때문이다. 따라서 인지 청구를 통해 가족관계를 명확히 해야만 법률상으로 양육비를 청구할 수 있다. 이 의뢰인은 인지 청구 및 양육비 청구를 통한 조정으로 원만하게 인지 및 양육비에 승소했다.

승소 사례로 보는
양육권

"시댁에서 아이에게 너무 집착해요"

시댁에서 아이에 대한 집착이 강합니다. 시댁이 가까워서 아이를 본다고 수시로 집에 오는 것은 물론, 아이에 관한 것은 직접 결정해야 한다고 생각해요. 어린이집을 어디에 보낼지도 본인이 다 알아보고 결정해서 통보하시더라고요.

문제는 남편이에요. "아이에 대한 것은 우리 엄마(시어머니)가 결정할 거야"라는 말을 아무렇지도 않게 하는 사람입니다. 숨이 막혀 더는 같이 살기 힘들 것 같아서 일단 별거를 하려고 합니다. 그리고 바로 이혼 진행을 하려고 하는데요, 어떻게 하면 양육권을 확실히 가져올 수 있을까요?

이혼을 앞둔 당신에게

양육권 다툼이 치열한 경우를 보면 아이를 사이에 두고 양 당사자 외에 양가까지 대립하는 것을 자주 보게 됩니다. 위 의뢰인도 남편은 양육에 소홀하고 시댁은 아이에 대한 집착이 강하다면서 어떻게 나올지 모른다고 우려를 했습니다.

그간의 양육 상황을 들어보니 남편과는 꽤 오랫동안 주말부부로 지내왔는데 남편은 주말마다 집에 오기는 하나 양육에는 관심이 없고 혼자만의 시간을 보낸 적이 많았으며, 주로 의뢰인과 의뢰인의 어머니가 아이를 돌봤다고 합니다. 남편은 화가 나면 아이 앞에서도 욱하고 소리를 질러서 아이가 놀라 우는 일도 자주 있었다고 하니, 아이를 위해 의뢰인이 양육자가 되는 것이 맞겠죠.

다만 유의하셔야 할 것은, 별거 중 상대방이 아이를 강제로 데리고 가버리는 일이 있어서는 안 됩니다. 그렇게 되면 아이가 하루도 빠짐없이 보고, 함께 잠을 자던 엄마를 잃게 되는 것이니 힘들어할 테고 이는 의뢰인도 마찬가지입니다.

이와 관련해서 구체적으로 각별히 유의할 사항을 전달했고, 즉시 소장 및 임시 양육자 지정 사전처분 신청을 했습니다. 첫 기일에 의뢰인이 임시 친권자 및 양육자 지정을 받아 한결 안정이 되었습니다. 상대방이 이혼에 부동의 한다거나 양육자 지정을 주장해 가사 조사 등이 진행되었지만, 결국 의뢰인이 친권자 및 양육권자로 지정되며 승소한 사례입니다.

"상대가 아이를 데리고 가버렸어요"

 남편이 아이 앞에서 폭언과 폭행을 서슴지 않아 이혼을 결심하게 되었습니다. 그런데 아이와 함께 친정에서 생활하던 중 이혼 소송을 앞두고 상대방이 아이를 데리고 가버렸어요. 아이를 전적으로 양육해온 사람은 엄마인 저인데, 주변에서 아이를 상대방에게 뺏기면 양육권 승소에 어려움이 있다고 하더라고요. 다른 건 몰라도 친권과 양육권은 제가 꼭 가지고 오고 싶습니다. 도와주세요.

이혼을 앞둔 당신에게

비록 상대방이 아이를 데리고 있어 어려움이 예상되기는 했지만 그간의 양육 상황이나 아이와의 친밀도, 아이의 정서적인 안정을 고려할 때 의뢰인이 양육자로 지정되어야 한다는 생각이 들었습니다. 상대방이 집에 무단침입을 하면서까지 어린 아기를 데리고 가버린 후 면접교섭 결정이 날 때까지 아이를 보여주지 않았는데요, 의뢰인은 아이를 보지 못하는 것만큼 힘든 게 없다고 했습니다. 저도 아이를 키우는 입장에서 그 말씀이 와 닿아 마음이 많이 아팠습니다. 소송 기간 중 아이를 상대방이 데리고 있는 경우 양육 환경에 아이가 적응했다고 보아 친권 및 양육권 승소에 어려움을 겪을 수 있는 것은 사실입니다. 하지만 아이의 복리를 위해서 부모 중 누가 양육을 하는 것이 타당한지에 대하여 일관된 의지와 노력을 담아 서면 제출, 변론 등을 진행한 끝에 친권 및 양육권에 승소할 수 있었습니다. 중간중간 의뢰인이 힘들어하며 흔들릴 때도 있었지만 옆에서 응원하면서 승소 판결을 받아 많이 뜻 깊었던 사례입니다.

"바람피운 것은 맞지만 아이는 양보 못 해요"

당신의 이야기 어디서부터 어떻게 이야기를 해야 할지 잘 모르겠어요. 제가 만나는 남자가 있는데요, 남편이 출장 간 줄 알고 그 사람을 집에 오라고 했는데 갑자기 남편이 들어와서 사진을 찍었어요. 알고 보니 남편은 이미 저에게 만나는 남자가 있다는 것을 알고 있었더라고요. 남편은 아이도 있는 집에 남자를 데리고 와서 무슨 짓을 한 것이냐며 양육권 소송, 상간자 소송을 하겠다고 해요. 소송까지 가도 어차피 본인이 양육자가 된다면서 협의이혼으로 양보하라고 압박하고 있어요.

제가 잘못한 부분이 있는 것은 맞지만 아이는 제가 전적으로 키워왔고 남편은 단 몇 시간도 혼자서 아이를 본 적이 없어요. 만약 소송을 하면 제가 양육권을 가져올 수 있을까요?

이혼을 앞둔 당신에게

의뢰인이 상담을 하러 왔을 때 양육권에 대한 걱정이 가장 많았습니다. 물론 의뢰인의 입장에서 불리한 면도 있긴 했습니다. 다만 이혼에 있어 배우자에 대한 귀책사유와 양육자 지정은 별개의 관점으로 판단하기에 희망이 있었습니다. 이에 의뢰인이 그동안 아이의 양육을 전담해온 점, 별거 이후 친정에서 아이를 안정적으로 양육하고 있는 점과 더불어 앞으로의 양육 계획을 전달하고 아이와의 친밀도, 아이의 나이 등을 종합할 때 양육자로 지정되어야 한다는 주장을 했습니다.

결론적으로 의뢰인이 양육자로 지정되었고, 비록 위자료를 지급하기는 했으나 혼인 기간이 짧음에도 불구하고 위자료 이상의 재산분할을 받게 되면서 승소한 사례입니다.

"바람피운 아내에게 아이들을 맡길 수는 없습니다"

아내와 주말부부로 지낸 지 반 년 정도 되어갑니다. 그동안 그저 아내와 아이들이 잘 지내고, 저는 묵묵히 성실하게 직장생활만 잘하면 된다고 생각했어요. 월급도 전부 아내에게 맡기고 한

달 치 용돈만 받아 써왔어요.

그러던 중 아내의 외도 사실을 알게 되었습니다. 상간남과 아내가 한 침대에 있는 광경을 목격한 그 순간이 지금도 너무 생생해 괴롭습니다. 외도 사실을 알고 나서도 아이들을 생각하니 이혼하기가 많이 망설여지더라고요. 그래서 마음을 열고 아내에게 대화를 시도해보기도 했지만 말이 안 통해요. 제가 한 번 더 기회를 갖자고 부탁해도 오히려 더 화를 내고 밤늦게 들어오니 더 이상은 도저히 결혼 생활을 유지할 수 없을 것 같아요.

이혼을 하고 양육권도 가져오고 싶습니다.

이혼을 앞둔 당신에게

아이들을 생각해서 본인은 사고 싶은 것도 안 사고, 먹을 것도 아끼면서 성실히 일만 해왔는데 아내는 외도에 아이들을 방치하기까지, 얼마나 충격이 크셨을까요. 외도 현장을 목격하고도 신중하셨던 의뢰인입니다. 이제 초등학교에 들어가는 아이에게 엄마의 빈자리가 어떻게 다가올지 걱정이 많으셨던 그분의 얼굴, 표정이 기억에 많이 남습니다. 얼마나 고민을 많이 하고 이혼 상담을 하러 오셨는지 느낄 수 있었습니다.

상담 이후에도 아이들을 생각해서 아내와 다시 잘 살아보려고 한 번 더 노력했지만 회복될 수 없다는 것이 보기에도 안타까웠는데요, 결국 어쩔 수 없이 이혼을 결심하게 되었습니다. 무엇보다 아이들의 양육권을 가장 원하셨기 때문에 아이들의 양육 환경을 안정시키는 것을 강조하며 양육권을 주장하여 승소한 사례입니다.

"아내와 별거한 지 2년, 깜깜 무소식이에요"

 흔히 엄마라면 당연히 아이를 잘 챙길 거라고 생각하잖아요. 그런데 아닐 수도 있더라고요.

아내는 아이가 감기로 고열에 시달릴 때에도 술을 마시러 나가곤 했어요. 기관지염으로 위험한 상황에서도 아이는 뒷전이었던 아내, 아이도 다 느끼는지 아빠인 저를 보고 울면서 안아달라고 했죠.

술 때문에 싸우고 싸우다가 아내와 2년 전 협의이혼을 신청했는데요, 확인 기일에 아내가 법원에 나오지 않았어요. 그 후로 연락두절이고요. 아이가 보고 싶다는 연락도 한번 없네요.

참 놀랐던 것은, 정신 검사에서도 다 드러나더라고요. 아이가 아빠와만 유대관계가 있고 엄마와는 유대관계가 전혀 형성되어 있지 않은 구도인 데다가, 자폐 초기 모습까지 보인다고요.

지금껏 2년간 혼자서 아이를 성실하게 키우고 있습니다. 아내는 서류로만 엄마로 되어 있다 보니 한부모 가정 혜택도 못 받는데, 이제 그만 깨끗하게 정리하고 싶네요.

이혼을 앞둔 당신에게

혼자서 아이를 키우기 힘들지 않느냐는 질문에 의뢰인은 잘 키우고 있다는 말씀을 해주셨죠. 빠르게 도와드리고 싶다는 생각이 들어 바로 수임을 결정하여 진행을 하게 되었습니다.

막상 이혼 소장을 접수하여 상대방에게 보내자, 2년간 깜깜 무소식이더니 주말에 갑자기 아이를 보내달라고 했습니다. 하지만 탁월한 소통 시스템으로 이럴 때 어떻게 대처해야 하는지 바로 조언을 해드려서 적절히 대응을 하셨고요, 이혼 및 친권 양육권에 승소한 사례입니다.

후기로 보는
확실한 양육권 확보

의뢰인은 상대방의 외도, 폭행 등으로 지쳐가던 중 다른 사람을 만나게 되었고 외도 유책 배우자가 되어버렸습니다. 상대방의 귀책사유 증거는 명확하지 않고 의뢰인의 유책 증거는 너무나도 분명하여 불리한 상황이었고, 결국 모든 것이 본인의 책임처럼 되어버려서 억울한 부분이 있었습니다. 특히 상대방이 의뢰인을 유책 배우자로서 양육권자 자격이 없다고 몰아세웠으나 결국 양육권에 승소한 사안입니다.

의뢰인 최○○ 님의 후기

변호사님과 인연을 맺은 지 벌써 8개월이 되어가네요.

가장 힘들고 막막할 때 변호사님이 계셔서 위안이 많이 되었습니다.

든든한 버팀목이 되어주셔서 감사드립니다.

번거로운 일도 싫은 내색 안 하시고, 마음 써주신 덕분에 버틸 수 있었습니다.

변호사님의 진심이 느껴져서 마음이 따뜻했습니다.

변호사님께 감사하는 마음 잊지 않겠습니다.

항상 응원하겠습니다.

확실한 친권, 양육권 승소를 위한 체크리스트 3가지

1. 아이를 잘 데리고 있자!

특히 양육권은 이혼 소송 전 누가 미리 준비하느냐에 따라 승소 여부가 달라집니다. 이혼을 앞두고 별거를 하게 되면 당연히 아이를 어느 한쪽이 주로 데리고 있게 됩니다. 그런데 재판부에서는 아이가 현재 있는 상황을 유지하려고 하지 쉽사리 변경하려고 하지 않습니다.

스스로 아이를 반드시 키워야 한다는 확신이 있고, 그렇게 하는 것이 아이에게 더 좋음에도 불구하고 아이를 뺏기고 필자를 찾아오는 분들을 보면 정말 안타깝습니다. 상대방이 아이를 일절 보여주지 않아서 눈물로 지새우는 의뢰인을 만나게 되면 더 빨리 만나 상담을 해주지 못한 것이 너무 안타까워서 저도 마음속으로 울기도 했습니다.

미리 말씀드립니다. 아이를 잘 데리고 있으세요! 그러나 이미 상대방이 아이를 데려갔고, 사실상 볼 수 있는 방법이 없다면 법원을 통해 유아 인도 등을 신청해야 합니다. 이는 쉽지 않은 사안이므로 양육 의지가 확고하다면 그때라도 즉시, 반드시 전문가의 도움을 받아야 합니다.

2. 양육 상황 및 양육 계획 등 유리한 점을 어필하라!

가사 조사 과정이나 별도의 서면, 양육 계획서 등을 작성 및 제출해 양육 의지 및 유리한 점을 부각한 구체적인 양육 계획을 전달할 필요가 있습니다.

3. 양육비는 처음에 잘 결정해야 한다!

사전처분(임시 양육비) 제도를 활용하면 이혼 소송 중에도 임시 양육비를 받을 수 있습니다.

CHAPTER 8

이혼 후에는 더 행복하게

★ ──────────────── ★

"이혼하면 더 행복해질까요?"

"이혼 후
재산 분할 청구를 해도 될까요?"

"일단 빨리 헤어지고 싶어서 서둘러 이혼을 하는 바람에 재산 분할을 못 받았는데 어떻게 해야 하죠?"

협의이혼을 한 후 재산 분할 청구를 하는 경우가 꽤 있다. 빨리 헤어지려다 보니 이혼 당시 재산 분할을 받지 않았거나 재산을 일부 받았어도 더 합당하게 분할을 받고자 하는 것이다. 다만 이혼 후 재산 분할 청구는 아래의 두 가지 요건을 통과해야 가능하다.

첫째, 이혼 후 2년 이내에 청구해야 한다.

협의이혼의 경우에는 이혼 신고를 해야 효력이 발생하므로 '이혼 신고일'을 기준으로 2년 이내에 재산 분할 청구가 가능하다. 이혼을 하고 새로운 생활에 바쁘게 지내다 보면 2년이란 시간이 생각보다 빠르게 지나간다고 한다. 그런데 이혼 후 2년이 지나면 아예 재산 분할을 청구하지 못하므로 특히 유의해야 한다.

둘째, 협의이혼 당시 재산 분할에 관한 종국적인 합의가 없어야 한다.

이혼할 당시 재산 분할에 관하여 아무런 합의를 하지 않고, 받은 것이 전혀 없다면 문제될 것은 없다. 의뢰인 A는 남편의 과도한 음주와 늦은 귀가, 폭언 등에 지쳐가던 중 더 이상 도저히 참을 수 없어 일단 협의이혼을 했다고 한다. 그런데 이혼 당시 남편이 의뢰인에게 8천만 원을 주겠다고 말해놓고 이혼 후 1년이 지났는데도 차일피일 미룬다고 했다. 의뢰인이 원하는 바는 8천만 원을 빨리 받아서 깔끔하게 정리하는 것이었다.

사실 이혼 당시 명확한 합의도 없었기에 8천만 원에 만족할 필요가 없었다. 결국 넉넉하게 청구하여 1억 8천만 원을 승소하고 즉시 이행 받아 마무리한 사례다. 협의이혼을 하면서 재산 분할에 관한 합의서를 작성한 경우 나중에 부당하다는 생각이 들더라도 변경이 불가능할 수 있으므로 섣불리 합의를 해서는 안 된다.

의뢰인 B는 협의이혼을 할 당시 남편으로부터 기존에 살고 있던 집의 등기를 이전받았다고 한다. 그런데 나중에 보니 남편의 재산이 생각보다 상당하다는 것을 알게 되었다. 아무래도 재판상 이혼을 하게 되면 법원을 통해서 상대방의 재산을 조회하게 되는데, 협의이혼 시에는 따로 조회 절차를 거치지 않다 보니 합당하게 재산 분할을 받기 어려운 면이 있다.

이에 의뢰인은 합당한 재산 분할을 받기 위해 소송을 진행했고, 상대방은 역시나 이미 재산 분할이 마무리되었다고 주장했다. 결론적으로 법원에서는 "재산 분할에 관한 종국적인 합의가 있다고 보기 어렵다"고 판단하여 의뢰인이 수억 원을 추가로 승소할 수 있었다. 합당하게 재산 분할을 받아야 이혼 후 삶에 대한 대비가 가능하므로 신중한 접근이 필요하다.

"양육권을 양보했는데
다시 가져오고 싶어요"

"친권자 및 양육권자 변경이 가능할까요?"

"협의이혼 당시 양육권을 양보했는데 다시 갖고 올 수 있을까요?"

　법원에서는 아이의 양육 환경을 쉽사리 변경하려고 하지 않는다. 특별한 사유가 없는 한 이미 적응한 양육 환경을 변경하는 것이 아이에게 좋지 않다고 보는 것이다. 그러하다 보니 의뢰인들도 양육권자 변경이 쉽지 않다는 사실을 알고 오는 경우가 많다.

　협의이혼을 할 당시에는 양육권을 양보했는데 지나고 보니 너무 후회가 된다거나, 상대방이 생각만큼 아이를 잘 돌보지 못한다거나, 실질적으로는 아이를 거의 본인이 돌보고 있는 경우 양육권자를 변경하고 싶다며 상담을 하러 오곤 한다.

의뢰인 A는 양육권이 상대방에게 있기는 하지만, 상대방의 요청으로 아이를 주로 돌보고 있었다. 이와 같이 상대방의 요청으로 아이의 양육자 역할을 하고 있는 경우에는 몇 가지만 유의하면 상대적으로 수월하게 양육권 변경을 할 수 있다. 의뢰인 A의 상대방도 처음에는 유아 인도 등을 청구하며 강경하게 대응했으나 결국 양보하여 원만하게 승소할 수 있었다.

이외에도 생각보다 수월하게 승소한 사례가 많이 있는데 지면으로 전달하기는 여의치가 않다. 무엇보다 정말로 절실하다면 아무리 어려운 사안도 최선을 다해 이것저것 시도해보는 것이 원하는 결과를 이끌어낼 수 있는 최고의 방법이다.

한편 의뢰인 B는 협의이혼 당시 양육권을 양보했으나, 상대방이 아이를 과하게 폭행하는 등 아동 학대를 하고 있다는 사실을 알게 되었다. 단순하게 생각했을 때 아동 학대를 하면 당연히 양육권자가 쉽게 변경될 것 같지만 그렇게 간단한 문제가 아니다. 일단 증거 확보가 필요하고, 아동 학대 정황이 있다고 해도 관련 기관에서 당장 양육자와 아이를 분리하지 않을 수도 있으며, 아이가 어리다 보니 상대방이 계속 데리고 있으면서 잘해주면 쉽사리 학대 사실을 진술하지 못할 수도 있다.

아이가 미취학 아동인지 혹은 초등학생인지에 따라서도 대처 방법이

다를 수 있으며, 경우에 따라서는 아동 학대 등 형사 고소가 필요할 수도 있다. 아이를 반드시 자신이 보호해야 한다는 의지만 확고하다면 길은 분명 있으므로 빠르게 전문가의 도움을 받아야 한다.

아이를 상대방이 데리고 있고, 양육 환경을 변경시켜야 할 명확한 증거 등이 없다면 굉장히 어려운 소송이 될 수 있다. 따라서 아이를 위해 양육권자 변경이 필요하다는 분명한 이유가 있고 의지가 있다면 더욱더 신중하고 철저하게 준비해야 한다.

"이혼한 지 1년 됐는데
위자료를 청구해도 될까요?"

"외도한 남편에게 위자료를 청구하고 싶습니다."

의뢰인 A는 어느 날 남편이 수년 동안 외도를 한 사실을 알게 되었다. 남편의 휴대전화를 보고 상간녀의 존재를 알게 된 것이었는데, 남편이 늘 소지하는 수첩을 들춰봤더니 이상하게도 상간녀와 만나서 어디를 가고 무엇을 했는지를 다 기록해두고 있었다. 남편에게 사실을 추궁하자 잡아떼거나 오히려 화를 내는 등 적반하장의 태도를 보여 의뢰인은 더 억울하고 배신감이 들었다.

결국 의뢰인은 자녀들도 다 키웠고, 외도한다고 몇날 며칠 집에 안 들어오는 남편과는 같이 살 이유가 하나도 없다는 생각이 들어서 이혼을 결심했다. 남편과 재산 분할을 시도한 결과, 판결로 가는 것보다 꽤 유리한 안으로 협의가 성립되어 합의서를 작성하고 그대로 협의이혼을 마무리했다. 그런데 가만히 생각해보니 위자료를 못 받은 것도 억울하고, 상간녀에게도 위자료를 청구해야겠다는 생각이 들었다.

이미 합의서를 작성하고 협의이혼을 했는데 그 후에 위자료를 청구하는 것이 과연 가능할까?

일단 이혼 후에도 3년 내에는 위자료를 청구할 수 있는데, 전제는 위자료에 관한 효력 있는 합의가 없었어야 한다는 것이다. 예컨대 협의이혼을 하면서 합의서에 향후 위자료를 청구하지 않는다고 명시하고 그대로 이혼이 마무리되면 나중에 전 배우자를 상대로 위자료를 청구할 수 없다. 다행히 이 의뢰인은 위자료에 대한 합의를 별도로 하지 않았기 때문에 남편 및 상간녀를 공동 피고로 위자료 청구 소송을 제기하여 승소할 수 있었다.

중요하니까 다시 보는
이혼 승소 방법 7가지

양육권 양보는 신중하게!

일단 협의이혼에서는 이혼 외에 친권 및 양육권, 양육비 부담 부분에 대한 조서를 쓰게 되어 있다. 이혼 당시에는 일단 빨리 끝내고 싶은 마음에 양육권을 양보하고 나중에 기회가 되면 다시 데려와야겠다고 생각하는 경우도 꽤 많다. 그런데 양육권을 섣불리 양보해서는 안 된다. 왜냐하면 이혼 당시 양육권에 승소하는 것보다 나중에 양육권을 변경하는 것이 훨씬 어렵기 때문이다.

상대방에게 양육권을 양보하고 상대방이 아이를 데리고 있는 시간이 몇 달 지나게 되면 섣불리 현 상황을 변경시키지 않으려는 것이 법원의 입장이라고 보면 된다. 양육권은 한번 양보하면 되찾기가 힘들기 때문에 굉장히 신중하게 결정해야 한다.

진행은 가급적 빠르게!

이혼 소송을 빠르게 진행하길 원하는 경우가 상당히 많다.

특히 가압류 등의 경우에는 속도가 중요하다. 상대방이 이혼을 앞두고 부동산을 처분하거나, 전세 보증금을 반환 받으려고 하는 경우가 있다. 이러한 경우 빠른 접수, 필요·충분한 서면 구성이 필요하다.

또한 재판부에 소송 진행 중 기일 지정 신청, 즉 재판을 속히 열어달라는 신청도 가능하다. 진행이 더딘 경우라든지, 상대방이 아이를 데려가서 안 보여준다든지 하는 경우에 적극 활용하면 재판부에서 기일을 빠르게 진행해준다.

증거 확보는 때에 따라 확실하게!

의뢰인들이 가끔 이런 말을 하곤 한다.

"증거가 없는데 괜찮을까요?"

그럼 필자는 의뢰인이 원하는 바가 무엇인지 질문을 한다. 왜냐하면 원하는 바 및 상황에 따라 증거 필요 여부 등이 달라질 수 있기 때문이다.

다만 배우자 또는 상간자에 대한 위자료 소송에서는 증거가 꼭 필요하다고 보면 된다. 흔히 증거를 확보하기 위해 여러 가지 방법을 쓰는데, 유의할 점은 증거를 수집하는 과정에서 형사상 범죄를 피해야 한다는 것이다. 특히 외도 현장을 촬영하려다가 오히려 형사상 범죄가 될 수 있고, 너무 속이 상한 나머지 상간자를 찾아가 제3자 앞에서 외도 사실을 말하면서 책임을 추궁하는 경우에는 명예훼손, 모욕죄 등이 될 수 있다. 피해자가 가해자가 되는 일은 없어야 할 것이다. 반드시 안전하고 확실한 방법으로 승소할 방법을 찾아야 한다.

친권 및 양육권은 아이를 위해!

만약 양측 다 친권과 양육권을 원한다면 정말 치열해질 수 있는데, 일단 이혼 소송이 본격화되는 시점에 아이를 누가 양육하고 있는지도 하나의 주요한 참작요소가 될 수 있다.

이혼 소송을 진행하다 보면 시간이 꽤 흐르게 되는데 아무래도 부모 중 한쪽과 지내면서 정착을 하고, 안정적으로 양육을 하고 있다면 재판부에서도 양육 상황을 변경시키는 것이 부담이 될 수 있다. 그러다 보니 이혼 소송 준비단계에서 아이를 뺏고 뺏기는 일들이 일어나기도 한다. 이러한 경우 형사상 범죄가 되지 않도록 유의해야 한다. 그리고 무엇보다 아이를 위해 어떠한 선택을 하는 것이 좋을지도 같이 고려하길 바란다.

그렇다면 아이를 사실상 뺏길 경우 양육권에 승소할 수 없을까? 꼭 그러한 것만은 아니다. 상대측이 아이를 사실상 양육하고 있다면 진행 과정이 쉽지는 않지만, 사전처분부터 마무리까지 최선을 다해 결국 친권 및 양육권에 승소한 사례들이 있다.

아이를 당장 보지 못하는 경우에는 유아 인도나 면접교섭 등을 빠르게 신청해야 한다. 아이를 못 보는 기간이 길어지면 못 보는 의뢰인도, 아이도 힘들고 소송에도 불리한 영향을 미칠 여지도 있기 때문이다.

재산 분할은 합당하게!

협의이혼 시 재산 분할은 법원에서 챙겨주지 않기 때문에 따로 진행을 해야 한다. 재산 분할이 합당한지부터 시작해서 실제로 받는 것까지 잘 마무리해야 한다.

또 다른 불필요한 분쟁이 발생하지 않도록 재산 분할 합의서는 명확하게 작성해야 한다. 공증을 해서 확실하게 해두는 경우도 있는데, 공증 수수료는 어차피 정해져 있으니 가까운 법률사무소에 가면 된다. 다만 공증 받을 협의서를 잘 써야 한다.

협의이혼을 하면서 재산 분할 부분을 합당하게 정리하지 못했다면 이혼한 후부터 2년 내에 재산 분할 청구가 가능하다. 또한 협의이혼을 전제로 재산 분할 합의서를 작성했다고 하더라도 협의이혼이 마무리되기 전이라면 번복하고 소송 제기를 하는 것이 가능하다. 협의이혼을 진행하면서 재산 분할 등과 관련하여 조금이라도 불안한 마음이 있다면 적어도 한 번 이상은 전문가에게 상담을 받아보는 것이 좋다.

가압류·가처분은 필수 이혼을 앞두고 상대방이 전세 보증금을 반환 받거나, 부동산의 명의를 제3자에게 이전하거나, 대출을 받아 현금화시킨 후 은닉하는 일이 발생하곤 한다. 이러한 경우 이혼 소송에서 이기고도 현실적으로 이행 받지 못할 수가 있다. 그래서 많은 분들이 이혼 소송이 본격화되기 전에 가압류를 먼저 하기를 원한다. 게다가 가압류를 잘해 놓으면 상대방에 대한 압박도 되고, 추후 집행도 용이하다.

상대방의 재산이 부동산, 전세 보증금 반환 채권, 분양권, 급여 채권, 자동차 등 무엇인지에 따라 보전처분을 어떻게 해야 할지가 달라지고, 의뢰인이 원하는 바가 어떤 것인지에 따라서도 달라진다. 전세 보증금 반환 채권의 경우에도 부동산이 경매 중인 경우라든가 전세보증보험에 가입된 경우 등에는 가압류의 제3채무자, 즉 누구를 상대로 가압류를 해야 하는지가 달라질 수 있으니 유의해야 한다. 또한 부동산 명의가 제3자 앞으로 되어 있는데, 실질적으로는 상대방의 재산인 경우 등 여러 가지 경우가 있다 보니 사안에 맞게 필요·충분하고 신속한 가압류 또는 가처분이 중요하다.

재산 분할 대상 확정 일단 재산 분할 대상을 확정 짓는 것부터 시작하게 된다. 상대방의 부동산, 예금 조회를 시작으로 보험, 주식 등을 조회하여 대상에 포함시키고 상대방이 재직 중인 경우 이혼 시점에서의 퇴직금을 조회하여 재산 분할 대상에 포함시킨다. 부동산 등 명의신탁, 즉 상대방의 명의는 아니지만 실질적으로 상대방 소유인 경우에도 재산 분할 대상이 될 수 있다. 상대방이 상속받은 재산 등 특유재산인 경우에도 의뢰인이 재산의 유지 증가에 기여했다면 대상이 될 수 있다.

재산 분할 기여도 대상이 확정되면 몇 퍼센트로 나눌 것인가를 결정해야 하는데, 재산 분할 기여도는 정해진 공식이 없다. 혼인 기간, 재산 형성 경위, 재산 유지 및 증가에 기여한 정도, 재산의 구체적인 액수 등 여러 가지를 고려한다. 당사자가 합의하기에 따라서는 100%도 가능하지만, 원칙적으로 100%는 없고 상황에 따라 10% 내지 90%까지 다양하게 인정되는 것이 재산 분할의 비율이다. 소송은 만들어가는 것이라는 말이 있는데, 재판부에 필요한 내용이 충분히 전달될 수 있도록 준비를 잘해야 한다.

재산 분할 방법 부동산이 여러 개인 경우에는 재산 분할을 어떠한 방식으로 할 것인지 정하게 된다. 재판부에서는 여러 가지 사정을 참작하여 부동산 중 어떤 것을 누구의 재산으로 할지 결정하게 되는데, 원하는 재산 분할 방법이 있다면 미리 그러한 내용 및 이유를 재판부에 전달하는 것이 중요하다.

사안에 맞게 준비할 것!

전반적인 전략에 따라 이혼 소송에서 얼마나 확실하게 승소할 것인지 여부가 달라진다. 증거 확보가 필요한 경우, 재산 가압류 등이 필요한 경우, 양육권 확보를 위해 조치가 필요한 경우 등 사안에 따라 미리 준비해야 할 것이 다를 수 있다.

사안에 따라 다르다 보니 여기에 모든 것을 풀어서 설명하기는 어렵지만, 이것 하나만 기억하면 된다. 무턱대고 이혼하지 말고 미리 준비해야 한다는 것!

이혼 후 준비는 철저하게!

전업주부로 오래 살아왔는데 수억 원을 재산 분할 받아 덜컥 가게를 차렸다가 사기만 당하고 폐업한 사례라든지, 이혼 후 경제활동을 거의 하지 않고 분할 받은 재산 위주로 생활하다가 아이들 교육비를 줄이지 못해 파산한 사례 등을 주변에서 볼 수 있다. 그러므로 재산 분할을 많이 받으나, 적게 받으나 이혼 후의 삶을 진지하게 고민해봐야 한다.

이에 필자는 이혼 후의 삶도 함께 고민해드려야겠다는 생각으로 '이혼 후를 준비하는 사람들'이라는 네이버 카페를 운영하고 있다. 더 행복해지려고 소송을 시작했고, 아직 이혼 후가 막연하다면 이혼 후의 삶까지 미리 든든하게 준비해야 진정한 승소가 아닐까?

승소 사례로 보는
이혼 후 이야기

"아이가 울면서 찾아왔어요"

전남편이랑 혼전임신으로 결혼을 했어요. 저는 그저 평범한 가정을 이루고 싶었는데, 남편은 경제적으로 너무 무책임했어요. 그래도 아이를 잘 키워보고자 제가 이런저런 일을 하면서 어떻게든 살아보려고 노력했는데요, 남편은 오히려 저를 의심했어요. 의처증이라는 것이 이런 것인지, 근거 없이 뭐든 다 의심하는 남편 때문에 숨이 막히고, 다툼이 계속되니까 너무 힘들더라고요. 하루는 남편이 술을 마시고 들어와서 잠도 안 재우고 추궁을 하는데, 이러다가 내가 큰일 나겠다 싶어서 이혼을 결심하게 되었어요.

이혼 이야기를 꺼내니까 남편이 양육권을 강하게 주장하면서 양육권을 양보해야 이혼을 순탄히 해줄 거라고 하더라고요. 남편이 본가에 들어가서 아이를 키우겠다기에 할머니가 키우면 괜찮겠다 싶었어요. 저는 그저 빨리 이혼하고 싶다는 생각뿐이었죠. 그런데 이혼하고 얼마 되지도 않아 재혼을 하더라고요.

그 후로 면접교섭 때마다 아이가 뭔가 전보다 주눅 든 모습이어서 많이 마음이 아팠지만, 그래도 그 시간 동안만이라도 최선을 다하려고 노력했죠. 그런데 아이가 계속 힘들다며 저하고 같이 살고 싶다고 하더라고요. 자세한 내막도 모르고 어떻게 해야 할지도 몰라서 저는 달래기만 했었어요.

그러던 어느 날 아이가 면접교섭 날도 아닌데 울면서 저를 찾아왔어요. 아이가 이렇게까지 하는 데에는 분명히 이유가 있을 것이라는 직감이 들었습니다. 아이의 말을 찬찬히 들어보니 그동안 미처 말하지 못했던 계모의 구박에 폭행까지……. 말로만 듣던 아동 학대였습니다.

아이를 어떻게 보호해야 할까요? 무엇보다 친권 및 양육권을 빠르게 변경하고 싶습니다.

이혼 후 변화를 원하는 당신에게

의뢰인과 상담을 하면서 무조건 진행해야 하는 사안이라는 생각이 들었습니다. 무엇보다 어린아이가 고통을 겪고 있다는 것이 안쓰러

웠고, 큰 결심을 하고 저를 찾아온 용기에 보답하고 싶었습니다. 아무도 보호해주지 못할 때 용기를 내어 찾아온 아이가 대단하다는 생각이 들면서 고맙기도 했습니다. 가장 따뜻하고 보호받는 곳이 되어야 할 가정이 학대의 현장이라면 아이는 온전히 건강하게 자라기 어려울 것입니다.

의뢰인이 전남편에게 이러한 상황을 설명해보았지만, 오히려 위협적으로 나오며 각종 협박을 하기도 했습니다. 결국 의뢰인은 즉시 친권자 및 양육권자 변경 심판 청구를 했고, 상대방이 소송 진행 중 갑자기 찾아와 위협을 하여 112 신고를 한 후 접근금지 임시보호명령을 받았습니다. 한편 불가피하게 아동 학대 형사 고소를 진행하기로 했습니다.

친권자 및 양육권자 변경 심판 청구가 쉽지는 않다고 하지만, 계모의 아동 학대 형사 사건 진행상황 등을 근거로 소송 중에 임시로 친권자 및 양육권자 변경 사전처분 결정을 받을 수 있었습니다. 무엇보다 아이의 학교 전학을 합법적인 절차에 따라 진행하면서 아이의 양육 상황이 한결 안정되었습니다.

결론적으로 마지막 심문 기일에 상대방의 양보를 이끌어내면서 조정으로 친권 및 양육권 변경에 승소했고, 계모는 형사 사건에서 유죄 판결을 받았습니다.

많이 힘든 상황에도 담담하게 소송 진행에 임하는 의뢰인과 아이를 보면서 저도 더욱 집중하여 사안을 진행할 수 있었습니다. 소송이 마무리되고 몇 개월이 지난 후에도 직접 쓴 감사편지를 들고 아이와 함께 찾아와 감사 인사를 전해주시던 의뢰인의 모습이 인상 깊게 남아 있습니다.

"양육권자가 아닌데 아이를 제가 키우고 있어요"

당신의 이야기 남편과는 직장에서 만나 결혼을 했고, 저는 출산 후 일을 그만두고 양육과 살림을 하면서 지냈어요. 그런데 결혼 기간 내내 마음 편하게 지낸 날이 거의 없었던 것 같아요. 남편은 거의 매일 술을 마시고 새벽에 집에 들어왔어요. 어떤 때에는 집 앞에서 잠이 들 때도 있었고요. 이로 인해 다툼이 끊이질 않았고, 폭언에 욕설까지 이어지자 빨리 이혼을 하고 싶었어요.

남편이 양육권을 양보해야 이혼을 해주겠다기에 당시 남편을 양육권자로 지정하고 협의이혼을 했습니다. 다만 아이가 초등학교에 들어가기 전까지는 제가 키우기로 하고, 저와 아이는 신혼집에서 생활하고 남편은 본가로 들어갔어요.

어느덧 시간이 흘러 아이가 초등학교에 들어갈 때가 되었는데, 말로만 아이를 데리고 가겠다고 하고 전입신고도 안 해가서 학교 배정이 현재 사는 집 근처로 나올 것 같아요. 그런데 책임감도 없고, 수시로 폭언을 하는 아빠한테 아이를 보낸다는 것이 마음 편하지 않습니다. 이제라도 제가 양육권자로 지정을 받아 아이를 안정적으로 키우고 싶어요. 아이 아빠에게 물어봤는데 그게 무슨 소리냐면서 절대 그럴 수 없다고 합니다.

저는 어떻게 해야 할까요?

이혼 후 변화를 원하는 당신에게

비록 협의이혼 당시 양육권자를 아빠로 정하기는 하였지만, 이혼 이후 아이를 주로 양육한 사람은 엄마인 의뢰인입니다. 의뢰인은 아이가 태어난 이후 현재까지 아이를 주로 양육해온 만큼 애착이 형성되어 있고, 아이도 엄마가 계속 돌보는 상황에 더 안정감을 느낄 것입니다.

다만 유의해야 할 것은 지금이라도 양육권자인 상대방이 아이를 갑자기 데려가버리면, 아이도 혼란스럽고 의뢰인도 아이를 사실상 돌볼 수 없으니 힘드시겠죠. 이에 필요한 조치를 하고 하루 속히 친권 및 양육권 변경 소송을 제기했습니다.

상대방이 처음에는 본인이 양육권자라면서 유아 인도 청구소송을 하는 등 강하게 나왔으나, 결국 소송 과정에서 초등학교에 입학하고 엄마와 안정적으로 지내고 있는 아이의 모습을 보고 양육권 변경에 동의하게 되었습니다. 이에 조정으로 승소하면서 마무리한 사례입니다.

"이혼 후에도 재산 분할이 가능할까요?"

 남편과 결혼 생활을 한 지 이제 25년 정도 되어가네요. 남편은 5년 정도 직장 생활을 하다가 돈을 벌겠다면서 주로 밖에서 생활을 했습니다. 한 달에 한두 번 집에 오다가, 두 달 정도 안 오기도 하고요. 그래도 생활비는 꾸준히 보내줬고, 저도 시댁의 제사나 명절에 아이들을 데리고 빠짐없이 참석하며 며느리로서의 도리를 다했습니다. 그런데 오랜 기간 결혼 생활을 유지하기는 했지만 거의 떨어져 살다시피 해서 그런지 사사건건 안 맞고 마주치기만 하면 싸우게 되더라고요. 그렇게 별거 아닌 별거를 하면서 지내고 있었습니다.

그러던 어느 날 남편이 이혼을 하자고 하더라고요. 그러면서 지금 살고 있는 아파트 명의를 이전해주겠다기에 일단 주는 것은 받아야겠다 싶어서 알겠다고 했어요. 그렇게 남편과 계약서를 쓰고 협의이혼을 했습니다.

그 후 곰곰이 생각해보니 남편이 결혼 이후 재산을 꽤 축적했기 때문에 아파트만 받고 끝내는 것은 부당해 보이더라고요. 지금이라도 재산 분할 청구가 가능할까요?

이혼 후 변화를 원하는 당신에게

잘 오셨습니다. 이혼 후 2년 이내에는 재산 분할 청구가 가능한데, 생각보다 2년이 빠르게 지나간다고들 하시더라고요. 해결할 일은 바로 해결하는 것이 맞는다고 봅니다.

재산 분할을 더 해달라고 하자 상대방은 더 이상 줄 수 없고, 이미 많이 주었다고 했습니다. 특히 이미 계약서를 쓰고 이혼을 하였으니 더 이상의 재산 분할은 불가하다고 했습니다. 그런데 계약서만으로는 종국적인 재산 분할 합의라고 보기 어렵다고 판단되어 즉시 수임하여 진행을 했습니다. 재판부에서도 계약서를 작성하고 협의 이혼에 이른 것만으로는 재산 분할 협의라고 보기 어렵다고 판단하여 재산 분할이 더 이상 불가하다는 상대방 주장을 받아들이지 않았습니다.

상대방은 재산 분할 대상 및 기여도에서도 별거 이후 취득한 재산은 분할 대상이 아니고, 만약 대상이 된다고 하더라도 기여도가 극히 낮게 인정되어야 하므로 더 줄 것이 없다고 주장했습니다. 이에 우리는 별거를 했다고 하더라도 별거 기간 중 의뢰인이 명절이나 시댁의 제사 등에 참여한 점, 자녀 양육을 전담한 점, 서로 부부로서의 최소한의 의무를 이행한 점 등을 볼 때 실질적으로 혼인 관계를 유지한 것이므로 재산 분할 대상이라고 주장했습니다. 또한 상당한 혼인 기간 중 가사와 자녀 양육을 전담한 점, 부족한 생활비 마련을 위해 소득활동을 한 점 등을 주장하여 수억 원의 재산 분할을 추가로 받으면서 승소한 사례입니다.

"이혼 후 위자료를 청구해도 될까요?"

 어느 날 남편의 휴대전화를 보고 상간녀가 있다는 사실을 알게 되었어요. 주말마다 골프를 치러 다니기에 늘 어울리는 친구들이랑 가는 줄로만 알았지 상간녀와 함께 다닌 줄은 몰랐어요. 심지어 3주간 해외로 골프여행을 갔을 때도 상간녀와 함께했더라고요.

더 억장이 무너지는 것은, 증거가 있는데도 오히려 화를 내고 적반하장으로 나온다는 것입니다. 소리를 지르고 막 대하는 모습에 더 이상 참을 수 없어 이혼을 하려고 합니다.

상간녀를 상대로 소송하고 일이 복잡해지는 것을 원하지 않는지 재산 분할은 원하는 대로 해주겠다고 하네요. 이혼을 한 후 상간녀를 상대로 위자료 청구 소송도 할 수 있겠죠?

이혼 후 변화를 원하는 당신에게

의뢰인은 남편에 대해서는 위자료 청구를 포기하는 조건으로 재산 분할을 넉넉하게 받는 것을 선택했고요, 상간녀에 대한 위자료 소송은 추후 따로 진행하기로 했습니다. 이혼이 마무리되기 전 소송을 제기하면 남편과 사이가 틀어지며 오히려 재산 분할 합의를 번복할 우려가 있었기 때문입니다. 이에 일단 재산 분할에 있어 좋은 조건으로 이혼을 마무리하여 번복할 수 없도록 빠르게 확정 지었습니다. 이런 경우 이혼 이후의 외도 증거만 있다면 위자료가 인정되지 않을 수 있기 때문에 미리 증거를 확보해두는 것이 중요합니다.

의뢰인은 이혼을 유리한 조건으로 마무리하고, 별도의 상간녀 소송에서도 빠르게 원하는 위자료를 받으면서 승소할 수 있었습니다.

후기로 보는
양육권 변경

의뢰인은 협의이혼을 하면서 양육권을 남편에게 양보하였으나, 남편의 재혼 후 계모가 아이를 학대하여 아이가 엄마와 살기를 원했습니다. 이에 친권 및 양육권 변경소송을 제기하였고, 원래 변경소송이 쉽지 않은 데다가 상대방이 극심하게 반대해 어려운 순간이 많았으나 결국 끝까지 노력하여 승소했습니다.

의뢰인 남○○ 님의 후기

지난 1년 5개월의 시간을 돌이켜보면 마치 긴 영화를 보고 난 느낌입니다.

저는 눈물도 많고 마음도 약하다고 생각했지만 엄마의 힘은 이 세상 누구도 이기질 못하나 봅니다. 엄마의 힘으로 견딜 수 있도록 노력해주신 변호사님께 진심으로 감사드립니다.

첫 기일, 변호사님의 모습이 잊히질 않습니다.

당시 마음이 힘든 탓에 모든 것에 예민하고 비뚤어져 있어 죄송하고 부끄럽게도 변호사님을 의심했습니다.

체구도 아담하신 분이 판사님 앞에서 제대로 반박할 수 있을까 걱정했습니다. 하지만 그날 히어로 영화의 주인공들은 저리 가라 할 만큼 큰 목소리를 내어주신 모습을 머릿속에서 지울 수가 없습니다.

그렇게 진심으로 다해주셨기에 친권 및 양육권, 형사소송 모두 승소할 수 있었지 않았나 싶습니다.

정말 감사드립니다.

이혼, 끝이 아닌
시작인 이유

이혼, 쉽지 않은 그 길을 선택했다면 이혼 후 지금보다는 더 편안하고 더 행복한 삶을 꿈꿀 것이다. 그런데 많은 분들이 이혼을 앞두고 말로 표현 못 할 막막함을 느끼고, 생각대로 되지 않는 이혼 소송에 애를 먹는다.

수월하게 진행될 수 있었던 소송에서 한두 가지의 실수로 고생하다가 뒤늦게 찾아오는 분들을 마주하면서 이혼에 필요한 핵심 정보를 잘 알아야 훌륭한 변호사를 알아보는 눈도 키우고 이혼 소송에서 승소할 확률도 키울 수 있겠다는 생각이 들었다. 이 책이 부디 이혼의 기로에 서서 분명한 해결 방법을 찾지 못해 방황하는 사람들에게 훌륭한 나침반 역할을 할 수 있기를 바란다.

이혼 승소만큼 중요한 것이 이혼 후 인생에 대한 준비다. 필자는 이혼 승소뿐만 아니라 이혼 후 삶의 정착까지 든든하게 지켜드리고 싶은 마음이다. 이혼, 끝이 아니라 시작인 만큼 정말 신중하게 결정하고 미리 준비하기를 거듭 권한다.

당신의 행복을 진심으로 바라는
장샛별 변호사

이혼 서류 관련 정보

★ 이혼 소장은 어디에 접수하면 될까?

> **문** 저는 남편과 결혼해서 서울 서초구 서초동에 주민등록상 주소지를 두고 살다가 사이가 나빠져 별거를 하고 있습니다. 현재 저는 경기도 수원에, 남편은 인천광역시에 각각 주소를 두고 있는데 남편을 상대로 한 이혼 청구는 어느 법원에 하여야 합니까?
>
> **답** 남편의 주소지 관할 법원인 인천가정법원에 소를 제기하여야 합니다.

해설

재판상 이혼 청구의 소 관할은 아래와 같은 순서로 정해진다.

① 부부가 같은 가정법원의 관할 구역 내에 주소를 둔 경우에는 그 가정법원이, ② 부부가 최후의 공통 주소지를 가졌던 가정법원의 관할 구역 내에 부부 중 일방의 주소가 있을 때에는 그 가정법원이, ③ 위의 각 경우에 해당하지 않을 때에는 상대방의 주소지를 관할하는 가정법원이 각각 관할 법원이 된다(가사소송법 22조).

만일 의뢰인이 남편과 계속 서울 서초구에 살면서 소를 제기하는 경우에는 서울가정법원이, 의뢰인 혼자 기존의 집에서 나와 경기도 수원에 왔다면 남편이 아직 최후 공통 주소지였던 서울에 있으니 서울가정법원이 관할 법원이 되는 것이다. 관할 법원을 확인하여 소장을 접수하면 된다.

★ 이혼 소송을 제기할 때 첨부할 서류는?

문 이혼 소송을 제기할 때의 첨부 서류는 어떻게 되나요?

답 ① 혼인관계증명서(원·피고) ② 가족관계증명서(원·피고) ③ 기본증명서(원·피고) ④ 주민등록등본(원·피고) ⑤ 주민등록초본(원·피고) ⑥ 원고와 피고 사이의 미성년 자녀가 있는 경우 그 자녀 각자의 기본증명서, 가족관계증명서, 주민등록초본이 필요합니다.

★ 행방불명인 배우자에 대한 이혼 청구

문 아내가 가출하여 현재 어디에 살고 있는지도 모릅니다. 이혼하려고 하는데 어떻게 해야 하나요?

답 소장에 아내의 주소지를 주민등록상 최후의 주소지로 기재하고 공시송달 신청을 함께 하면 됩니다.

해설

공시송달은 당사자가 주민등록상 주소지에 사실상 살지 않고 있으며, 기타 거소 또는 송달하여야 할 장소를 알지 못하여 통상의 방법으로는 소장부본 등을 송달할 수 없을 때 하는 송달 방법이다.

당사자의 주민등록이 말소된 경우에는 공시송달의 요건에 해당된다고 할 수 있다. 따라서 이 경우에는 소장을 제출하면서 공시송달 신청을 함께 하는 것이 좋다. 다만 공시송달 신청을 했다고 해서 처음부터 바로 공시송달이 되는 것은 아니다. 주민등록이 말소된 경우에는 최후 주소지로 송달을 하고 송달 불능이 되면 친족사실조회를 통해 거주지를 확인해본 후 거주지를 알 수 없으면 비로소 공시송달을 실시하는 것이 서울가정법원의 실무다.

★ 조정이혼이란?

문 가사 조정 절차는 어떻게 진행되나요?

답 처음부터 조정 신청서를 제출한 경우 조정 절차가 진행되고, 소장을 접수한 경우에도 원칙적으로 조정 절차가 진행된다. 담당 재판부가 스스로 조정을 진행하는 경우도 있고, 별도로 조정위원이 지정되어 진행하는 경우가 더 많다. 조정이 성립되면 '조정 조서'가 작성되며 조정 조서는 확정 판결과 같은 효력을 지니기 때문에 조정 내용에 따라 기판력 및 집행력을 가진다.

해설

조정이란 양 당사자 간 이혼, 위자료, 양육권 등에 관해 조율하여 법률 관계를 확정 짓는 절차를 말한다. 가사 소송에서의 원고는 소장을 바로 제출할 수도 있고 조정 신청을 먼저 할 수도 있는데, 가사 소송에는 특수하게 '조정전치주의'라는 제도가 있어 재판상 이혼 등의 경우 소를 제기하더라도 가정법원은 원칙적으로 사건을 조정 절차에 회부하여야 한다(가사소송법 제50조 제2항).

★ 가사 조사 절차란?

가사 조사는 재판장, 조정장 또는 조정 담당 판사의 조사 명령(가사소송법 제6조 제1항, 가사소송규칙 제8조, 제12조, 제13조)을 통해 이루어진다.

조사 명령은 혼인 파탄 사유, 양육권 관련, 재산 분할 등 전반에 관하여 이루어지기도 하고, 일부 내용에 집중하여 내려지기도 한다.

조사 기일은 일반적으로 한 달에 한 번 정도 지정되며, 보통 2~3회에 걸쳐 진행되지만 사건의 특성에 따라 달라질 수 있다. 조사관은 조사를 마친 후 조사 보고서를 재판부에 제출한다.

★ 친권자와 양육권권자는 무엇이 다를까?

친권자는 자녀의 재산관리권, 법률행위대리권 등이 있고, 양육권자는 자녀와 공동생활을 하며 자녀를 보호하는 역할을 한다. 친권자 및 양육권자는 자녀의 복리를 우선적으로 고려하여 부 또는 모를 일방으로 정할 수도 있고, 부·모 공동으로 지정할 수도 있다.

부모가 원만하게 이혼에 합의하는 경우에는 크게 문제가 되지 않으나, 가능하면 자녀의 복리를 위해 친권자와 양육권자를 동일한 부모로 지정하는 것이 향후 자녀의 여권 발급이나 긴급한 상황 등(병원 입원 등)에서 보호자를 신속하게 확인하는 데 도움이 된다.

★ 양육비는 얼마를 받을 수 있을까?

◉ 기본 원칙

1. 자녀에게 이혼 전과 동일한 수준의 양육 환경을 유지하여주는 것이 바람직함
2. 부모는 현재 소득이 없더라도 최소한의 자녀 양육비에 대하여 책임을 분담함

◉ 산정 기준표 설명

1. 산정 기준표의 표준 양육비는 양육 자녀가 2인인 4인 가구 기준 자녀 1인당 평균 양육비임
2. 부모 합산 소득은 세전 소득으로 근로 소득, 영업 소득, 부동산 임대 소득, 이자 소득, 정부 보조금, 연금 등을 모두 합한 순수입의 총액임
3. 표준 양육비에 아래 가산, 감산 요소 등을 고려함
   1) 자녀의 거주 지역(도시 지역은 가산, 농촌 등은 감산)
   2) 자녀 수(자녀가 1인인 경우 가산, 3인 이상인 경우 감산)
   3) 고액의 치료비

4) 부모가 합의한 고액의 교육비

5) 부모의 재산 상황(가산 또는 감산)

6) 비양육자의 개인회생(회생 절차 진행 중 감산, 종료 후 가산 고려)

예

- 가족 구성원: 양육자, 비양육자, 만 15세인 딸 1인, 만 8세인 아들 1인의 4인 가구

- 부모의 월 평균 세전 소득: 양육자 180만 원, 비양육자 270만 원, 합산 소득 450만 원

1. 표준 양육비 결정

　1) 딸의 표준 양육비: 1,376,000원

　　　(자녀 나이 15~18세 및 부모 합산 소득 400만 원~499만 원의 교차 구간)

　2) 아들의 표준 양육비: 1,136,000원

　　　(자녀 나이 6~11세 및 부모 합산 소득 400만 원~499만 원의 교차 구간)

　3) 딸, 아들의 표준 양육비 합계: 2,512,000원(=1,376,000원+1,136,000원)

2. 양육비 총액 확정

　1) 가산, 감산 요소가 있다면 결정된 표준 양육비에 이를 고려하여 양육비 총액 확정

　2) 가산, 감산 요소가 없다면 2,512,000원

3. 양육비 분담 비율 결정

　비양육자의 양육비 분담 비율: 60%(=270만 원/180만 원+270만 원)

4. 비양육자가 지급할 양육비 산정

　1) 양육비 총액×비양육자의 양육비 분담 비율 방식으로 산정

　2) 비양육자가 지급할 양육비: 1,507,200원(=2,512,000원×60%)

(참조 사이트: 서울가정법원 slfamily.scourt.go.kr)

⇨ 2017년 양육비 산정 기준표

부모 합산 소득(세전) 자녀 만 나이	0~199만 원 평균 양육비(원) 양육비 구간	200~299만 원 평균 양육비(원) 양육비 구간	300~399만 원 평균 양육비(원) 양육비 구간	400~499만 원 평균 양육비(원) 양육비 구간	500~599만 원 평균 양육비(원) 양육비 구간
0~2세	532,000 219,000~ 592,000	653,000 593,000~ 735,000	818,000 736,000~ 883,000	948,000 884,000~ 1,026,000	1,105,000 1,027,000~ 1,199,000
3~5세	546,000 223,000~ 639,000	732,000 640,000~ 814,000	896,000 815,000~ 974,000	1,053,000 975,000~ 1,121,000	1,189,000 1,122,000~ 1,284,000
6~11세	623,000 244,000~ 699,000	776,000 700,000~ 864,000	952,000 865,000~ 1,044,000	1,136,000 1,045,000~ 1,219,000	1,302,000 1,220,000~ 1,408,000
12~14세	629,000 246,000~ 701,000	774,000 702,000~ 884,000	995,000 885,000~ 1,107,000	1,220,000 1,108,000~ 1,303,000	1,386,000 1,304,000~ 1,484,000
15~18세	678,000 260,000~ 813,000	948,000 814,000~ 1,076,000	1,205,000 1,077,000~ 1,290,000	1,376,000 1,291,000~ 1,493,000	1,610,000 1,494,000~ 1,715,000

부모 합산 소득(세전) 자녀 만 나이	600~699만 원 평균 양육비(원) 양육비 구간	700~799만 원 평균 양육비(원) 양육비 구간	800~899만 원 평균 양육비(원) 양육비 구간	900만 원 이상 평균 양육비(원) 양육비 구간
0~2세	1,294,000 1,120,000~ 1,341,000	1,388,000 1,342,000~ 1,487,000	1,587,000 1,488,000~ 1,670,000	1,753,000 1,671,000 이상
3~5세	1,379,000 1,285,000~ 1,477,000	1,576,000 1,478,000~ 1,654,000	1,732,000 1,655,000~ 1,828,000	1,924,000 1,829,000 이상
6~11세	1,514,000 1,409,000~ 1,559,000	1,605,000 1,560,000~ 1,717,000	1,830,000 1,718,000~ 1,997,000	2,164,000 1,998,000 이상
12~14세	1,582,000 1,485,000~ 1,650,000	1,718,000 1,651,000~ 1,797,000	1,876,000 1,798,000~ 2,143,000	2,411,000 2,144,000 이상
15~18세	1,821,000 1,716,000~ 1,895,000	1,970,000 1,896,000~ 2,047,000	2,124,000 2,048,000~ 2,394,000	2,664,000 2,395,000 이상

★ 소장 접수 전에 재산 가압류 먼저!

부동산 가압류 신청

채 권 자   이름(주민등록번호):
              주소:
              등록 기준지:
              채권자의 대리인: 법률사무소 명전
              담당 변호사: 장샛별
              서울 서초구 서초대로 264, 12층(서초동, 법조타워)
              (전화: 02-522-7704, 팩스: 02-537-5529)

채 무 자   이름(주민등록번호):
              주소:
              등록 기준지:

사건본인   이름(주민등록번호):
              주소:
              등록 기준지:

가압류할 부동산의 표시
별지 목록 기재와 같음

청구채권의 표시
금 24,000,000원
(이혼으로 인한 재산분할 청구권 24,000,000원)

청구채권(피보전권리)의 내용
채권자가 채무자에 대하여 가지는 이혼으로 인한 재산분할 청구권

신 청 취 지

채권자의 채무자에 대한 위 청구표시 채권의 집행을 보전하기 위하여 채무자 소유의 별지목록 기재 부동산을 가압류한다.

라는 재판을 구합니다.

신 청 이 유

1. 피보전채권 - 혼인 파탄에 따른 재산분할 청구권

가. 당사자 사이의 관계

채권자와 채무자는 2012. . .혼인 신고를 마친 법률상 부부이고, 슬하에 사건 본인 ○○○(2012. . .생), ●●●(2013. . .생)을 두고 있습니다.

[소갑 제1호증의 1 혼인관계증명서(채권자), 2 가족관계증명서(채권자), 3 기본증명서(채권자), 4 혼인관계증명서(채무자), 5 가족관계증명서(채무자), 6 기본증명서(채무자), 소갑 제2호증 주민등록표등본]

나. 혼인 파탄 사유

채권자와 채무자의 혼인은 채무자의 폭행, 폭언, 채무자의 직계존속에 대한 부당한 대우 등 기타 혼인을 계속할 수 없는 중대한 사유로 인하여 파탄에 이르렀습니다.

2018. 11. 10. 채권자는 채무자의 폭행으로 인하여 두 개의 늑골을 포함하는 다발골절, 폐쇄성 등의 상해를 입었고, 2018. 11. 13. 등 정형외과의원에서 총 3회 치료를 받은 바 있습니다[소갑 제4호증 외래진료기록부(폭행)].

또한 2018. 7. 19.부터 ◇◇◇◇에서 우울병으로 치료를 받아오고 있습니다.

[소갑 제5호증 진단서(우울병)]

사건의 빠른 진행을 위해 위자료는 추후 필요 시 청구하겠습니다.

2. 재산분할 청구 대상 및 금액의 산정

가. 재산분할 대상

채권자에게는 적극재산 및 소극재산이 없으며, 채권자가 알고 있는 채무자의 적극재산으로는 경기도 □□□□□□□□□□ 가 있습니다[소갑 제6호증 부동산등기부등본]. 따라서 채무자의 순재산은 총 57,000,000원입니다.

따라서 이 사건 혼인의 재산분할 대상 총액은 금 57,000,000원 상당입니다.

나. 채권자의 기여도 및 재산분할 청구 금액

채권자는 혼인 기간 동안 가사와 세 자녀의 육아를 전담하였고, 채권자도 채무자와 마찬가지로 소득활동을 하였다는 점을 고려할 때 채권자의 재산분할비율은 적어도 50%에 달합니다.

그렇다면 채권자는 채무자에 대하여 금 24,000,000원의 재산분할 청구권을 가집니다.

3. 보전의 필요성

채권자는 위와 같은 상황에서 도저히 혼인 관계를 유지할 수 없어 이혼을 결심하게 되었습니다. 채권자는 채무자를 상대로 혼인 파탄에 따른 이혼 및 재산분할 청구의 소를 곧 제기할 예정입니다.

그러나 혼인 중 형성한 재산은 모두 채무자의 명의로 되어 있습니다. 채권자가 재산분할 등 판결을 받아도 채무자가 위 재산을 처분하면 재산권을 확보함에 어려움을 겪게 될 것이어서 채권자는 급박하게 부동산가압류신청을 하게 되었습니다.

4. 담보 제공에 관하여

현재 채권자는 별다른 재산이 없고, 혼인 기간 동안 형성한 모든 재산은 채무자의 명의로 되어 있습니다.

그러므로 담보 제공에 관하여는 민사집행법 제19조 제3항, 민사소송법 제122조에 의하여 보증보험주식회사와 지급보증위탁계약을 맺은 문서를 제출하는 방법으로 담보 제공을 할 수 있도록 허가하여 주시기 바랍니다.

소 명 방 법

1. 소갑 제1호증의	1 혼인관계증명서(채권자)
	2 가족관계증명서(채권자)
	3 기본증명서(채권자)
	4 혼인관계증명서(채무자)
	5 가족관계증명서(채무자)
	6 기본증명서(채무자)
1. 소갑 제2호증	주민등록표등본(채무자)
1. 소갑 제3호증의	1 가족관계증명서(사건본인)
	2 기본증명서(사건본인)
	3 가족관계증명서
	4 기본증명서
	5 가족관계증명서
	6 기본증명서
1. 소갑 제4호증	외래진료기록부(폭행)
1. 소갑 제5호증	진단서(우울병)
1. 소갑 제6호증	부동산등기부등본

첨 부 서 류

부동산등기부등본가압류신청 진술서소송위임장

2019. 9.
채권자의 대리인
법률사무소 명전
담당변호사 장샛별

소 장

원 고　　　이름(주민등록번호) :
　　　　　　주소 :
　　　　　　등록 기준지 :
　　　　　　원고의 대리인 :
　　　　　　담당 변호사 :
　　　　　　주소 :
　　　　　　(전화 :　　　　, 팩스 :　　　　)

피 고　　　이름(주민등록번호) :
　　　　　　주소 :
　　　　　　등록 기준지 :
　　　　　　송달 장소 :

사건 본인 1.이름(주민등록번호) :
　　　　주소 :
　　　　등록 기준지 :
　　　2. 이름(주민등록번호) :
　　　　주소 :
　　　　등록 기준지 :

이 혼 등 청 구 의 소

청 구 취 지

1. 원고와 피고는 이혼한다.
2. 피고는 원고에게 위자료로 30,000,000원 및 이에 대한 이 사건 소장 부본 송달일 다음 날부터 다 갚는 날까지 연 12%의 비율에 의한 금원을 지급하라.
3. 피고는 원고에게 재산 분할로 300,000,000원 및 이에 대한 이 사건 판결 확정일 다음 날부터 다 갚는 날까지 연 5%의 비율에 의한 금원을 지급하라.
4. 사건 본인들의 친권자 및 양육자를 원고로 지정한다.
5. 피고는 원고에게 사건 본인들의 양육비로 이 사건 소장 부본 송달일 다음 날부터 사건 본인들이 각 성년이 되기 전날까지 매월 말일에 사건 본인 1인당 2,000,000원씩을 지급하라.
6. 소송 비용은 피고가 부담한다.
7. 제2항과 제5항은 가집행할 수 있다.
라는 판결을 구합니다.

청 구 원 인

1. 당사자 사이의 관계
원고와 피고는 2001. . . 혼인 신고를 한 법률상 부부이고, 원·피고 사이의 자녀로는 사건 본인 ○○○(2002. . .생)과 ●●●(2004. . .생)이 있습니다.
[갑 제1호증의 1 혼인관계증명서(원고), 2 가족관계증명서(원고), 3 기본증명서(원고), 4 혼인관계증명서(피고), 5 가족관계증명서(피고), 6 기본증명서(피고), 갑 제2호증 주민등록표등본, 갑 제3호증의 1 가족관계증명서(사건 본인 ○○○), 2 기본증명서(사건 본인 ○○○), 3 가족관계증명서(사건 본인 ●●●), 4 기본증명서(사건 본인 ●●●)]

2. 혼인 파탄 사유 및 위자료 청구
원고와 피고의 혼인은 피고의 가출 및 장기간 별거 등 혼인을 계속할 수 없는 중대한 사유로 인하여 파탄에 이르렀습니다. 이에 원고는 피고에 대하여 위자료를 청구합니다. 자세한 혼인 파탄 사유에 대하여는 추후 제출하겠습니다.

3. 친권 및 양육권 등

사건 본인들의 친권 및 양육권자를 원고로 지정해주시기 바랍니다. 원고는 피고에 대하여 사건 본인 1인당 200만 원의 양육비를 청구합니다.

4. 재산 분할 청구

원고는 재산 분할로 금 300,000,000원을 우선 청구합니다. 다만 재산 분할 대상 및 기여도 등에 대하여는 추후 사실 조회 등을 통해 이를 확정한 후 상술하겠습니다.

5. 결론

혼인 파탄 사유 및 양육자 지정 등에 대한 자세한 내용은 추후 상술하겠습니다. 이 사건 혼인은 피고로 인하여 부당하게 파탄되었고, 이로 인해 원고는 극심한 정신적, 경제적 고통을 겪고 있는 바, 원고의 청구를 인용하여주시기를 요청드립니다.

입 증 방 법

1. 갑 제1호증의   1 혼인관계증명서(원고)

2 가족관계증명서(원고)

3 기본증명서(원고)

4 혼인관계증명서(피고)

5 가족관계증명서(피고)

6 기본증명서(피고)

1. 갑 제2호증   주민등록표등본

1. 갑 제3호증의   1 가족관계증명서(사건 본인 ○○○)

2 기본증명서(사건 본인 ○○○)

3 가족관계증명서(사건 본인 ●●●)

4 기본증명서(사건 본인 ●●●)

첨 부 서 류

1. 위 입증 방법   각 2부
1. 소송 대리 위임장   1부
1. 소장 부본   1부

2019. 1.
원고의 소송 대리인
법률사무소 ○○
담당 변호사 ○○○

서 울 가 정 법 원 귀 중

★ 소송 중 양육비를 받기 원한다면?

⇨ 임시양육비 사전처분 신청!

본안 소송의 표시

신 청 인   이름:
         주소:
         등록 기준지:
         신청인의 대리인 법률사무소 명전
         담당 변호사 장샛별
         서울 서초구 서초대로 264, 12층(서초동, 법조타워)
         (전화: 02-522-7704, 팩스: 02-537-5529)

피신청인 이름:
　　　　주소:
　　　　등록 기준지:
　　　　송달 장소:

사건 본인 1. 이름:
　　　　주소:
　　　　등록 기준지:
　　　2. 이름:
　　　　주소:
　　　　등록 기준지:

신 청 취 지

1. 서울가정법원 ○○○**이혼** 등 본안 사건의 조정 성립 시 또는 제1심 판결 선고 시까지 사건 본인들의 친권자 및 양육권자로 신청인을 지정한다.
2. 피신청인은 위 사건의 조정 성립 시 또는 제1심 판결 선고 시까지 신청인이 사건 본인들을 양육함에 있어 어떠한 방법으로도 방해 행위를 하여서는 아니 된다.
3. 피신청인은 신청인에게 2019. 2. 1.부터 위 사건의 조정 성립 시 또는 제1심 판결 선고 시까지 사건 본인들에 대한 양육비로 사건 본인 1인당 각 2,000,000 원을 지급하라.
라는 결정을 구합니다.

신 청 원 인

1. 당사자 사이의 관계

신청인과 피신청인은 2001. . . 혼인 신고를 한 법률상 부부이고, 원·피고 사이의 자녀로는 사건 본인 ○○○(2002. . .생)과 ●●●(2004. . .생)이 있습니다.
[소갑 제1호증의 1 혼인관계증명서(신청인), 2 가족관계증명서(신청인), 3 기본증명서(신청인), 4 혼인관계증명서(피신청인), 5 가족관계증명서(피신청인), 6 기본증명서(피신청인), 소갑 제2호증 주민등록표등본, 소갑 제3호증의 1 가족관계증명서(사건 본인 ○○○), 2 기본증명서(사건 본인 ○○○), 3 가족관계증명서(사건 본인 ●●●), 4 기본증명서(사건 본인 ●●●)]

2. 혼인 파탄 사유

신청인과 피신청인의 혼인은 피신청인의 가출 및 장기간 별거 등 기타 혼인을 계속할 수 없는 중대한 사유로 인하여 파탄에 이르렀습니다.

3. 친권자 및 양육권자 지정 등에 관하여

신청인은 피신청인과의 사이에 사건 본인 ○○○(2002. . .생)과 ●●●(2004. . .생)을 두고 있습니다.

그동안 피신청인의 무관심 속에 신청인이 전적으로 사건 본인들을 양육해왔고, 사건 본인들은 자연스럽게 피신청인보다는 신청인과 깊은 정서적 유대감을 형성해왔습니다. 그동안 신청인이 사건 본인들을 잘 양육해온 만큼 앞으로도 위와 같은 상태를 유지하는 것이 사건 본인의 양육에 더 바람직합니다.

4. 사전처분의 필요성

피신청인은 2019. 1.부터 현재까지 사건 본인들에 대한 양육비를 전혀 지급하지 않고 있을뿐더러, 신청인은 건강상의 이유로 경제활동을 전혀 못 하고 있는 실정입니다.
이에 신청인은 사건 본인들을 이 사건 판결이 확정될 때까지 안정적으로 양육하고자 양육비 사전처분을 신청하게 되었습니다.

5. 결론

위와 같은 사정을 참작하시어 신청 취지와 같은 결정을 내려주시기를 부탁드
립니다.

입 증 방 법

1. 소갑 제1호증의	1 혼인관계증명서(신청인)
	2 가족관계증명서(신청인)
	3 기본증명서(신청인)
	4 혼인관계증명서(피신청인)
	5 가족관계증명서(피신청인)
	6 기본증명서(피신청인)
1. 소갑 제2호증	주민등록표등본
1. 소갑 제3호증의	1 가족관계증명서(사건 본인 ㅇㅇㅇ)
	2 기본증명서(사건 본인 ㅇㅇㅇ)
	3 가족관계증명서(사건 본인 ●●●)
	4 기본증명서(사건 본인 ●●●)

첨 부 서 류

1. 위 각 입증 방법	각 2부
1. 소송 위임장	1부
1. 신청서 부본	1부

2019. 2.

신청인의 소송 대리인

법률사무소 명전

담당 변호사 장샛별

서울가정법원 귀중

현직 이혼 전문 변호사의 따뜻한 조언과 확실한 지침

이혼을 결심한 당신에게

1판 1쇄 펴낸날 2019년 10월 15일

지은이 장샛별
펴낸이 나성원
펴낸곳 나비의활주로

책임편집 권영선
디자인 BIG WAVE

주소 서울시 강북구 삼양로 85길, 36
전화 070-7643-7272
팩스 02-6499-0595
전자우편 butterflyrun@naver.com
출판등록 제2010-000138호
상표등록 제40-1362154호
ISBN 979-11-88230-87-7 13330